本研究是江苏高校哲学社会科学研究项目（2019SJA1679）"高职院校不同来源的新入职教师'双师型'培养制度优化研究"

新质生产力背景下高职院校"双师型"教师培养体系构建研究

张 玲◎著

·南京·

图书在版编目(CIP)数据

新质生产力背景下高职院校“双师型”教师培养体系构建研究 / 张玲著. -- 南京 : 河海大学出版社，2025. 3. -- ISBN 978-7-5630-9575-9

Ⅰ. G715

中国国家版本馆 CIP 数据核字第 2025TN4742 号

书　　名 新质生产力背景下高职院校“双师型”教师培养体系构建研究
书　　号 ISBN 978-7-5630-9575-9
责任编辑 张　媛
特约校对 任宇初
封面设计 徐娟娟
出版发行 河海大学出版社
地　　址 南京市西康路 1 号(邮编:210098)
电　　话 (025)83737852(总编室)　(025)83722833(营销部)
经　　销 江苏省新华发行集团有限公司
排　　版 南京布克文化发展有限公司
印　　刷 江苏凤凰数码印务有限公司
开　　本 718 毫米×1000 毫米　1/16
印　　张 9.5
字　　数 170 千字
版　　次 2025 年 3 月第 1 版
印　　次 2025 年 3 月第 1 次印刷
定　　价 40.00 元

序

匠心传薪火　知行育新枝

历经三年研究，张玲老师的著作《新质生产力背景下高职院校"双师型"教师培养体系构建研究》即将付梓，这是她立足十五余年高职院校教育管理工作实践探索的理论创新佳作，也是她博士毕业后研究成果的深化与拓展。因由她的信赖，我对此书先睹为快，甚感书中研究对当前职业教育理论研究和实践推进具有较高价值，欣慰之余，欣然作序。

当下及未来一段时期，新质生产力加快发展，新技术、新模型持续深化应用，新产业、新业态快速涌现，高职院校开展的职业教育是培养高技能人才的"主引擎"之一。本书以敏锐的洞察力与扎实的学术功底，系统回答了在新质生产力发展背景下，如何培养既能扎根理论沃土、又能深耕实践场域的"双师型"教师，为职业教育师资建设提供了兼具理论深度与实践价值的创新方案。本书的突出贡献是基于一个逻辑严谨的研究框架，构建了可以实践的"双师型"教师培养体系。作者以新质生产力与职业教育的耦合关系为逻辑起点，从价值阐释、内涵解构、现状剖析、国际比较到体系构建，层层递进，既揭示了"双师型"教师培养的内在规律，又直面了产教研用融合中的现实困境。值得称道的是，本书通过实证访谈提炼出"三维五要素"能力框架：价值维度——"教育家精神、工匠精神"、技术维度——"数字能力"、实践维度——"新型教育教学能力、高端实践能力"，体现了"立德树人"与"技术赋能"的双重导向。其不仅呼应了发展新质生产力对职业教育教师角色的复合型要求，更为教师能力发展提供了可操作的评价基准。本书也凸显了系统性思维，作者提出“机制—策略—路径”三位一体的培养体系，既强调教育家精神的文化浸润，又注重数字素养的技术赋能；既关注教师主体能动性的激发，又强化多元主体的协同效应。

新时代对职业教育教师的“工匠精神”提出新要求：既要有精益求精的教学能力，又要掌握产业一线技术标准，用“匠心传薪火，知行育新枝”可以恰如其分地概述本书的精神内涵。在新质生产力发展背景下，“匠心”喻指“双师型”教师需兼具创新能力（知者）与精湛技艺（巧者）。“薪火”被赋予新内涵：既包括智能制造、人工智能等新技术，也包括通过虚拟仿真实训平台等构建虚实融通、深度耦合的教学场域。“知行”是对“双师型”教师的理念要求，继承王阳明“知行并进”思想与陶行知“教学做合一”理念。“新枝”既喻指教师的数字化教学、跨学科融合和创新服务等能力，也指向培育适应新质生产力发展的新时代高技能人才。当然，任何研究均有边界。正如作者所言，受样本范围与国别经验的限制，部分结论的普适性仍有待进一步验证。但正是这份学术自觉，指明了后续的研究方向——无论是能力要素的权重分配模型，还是人工智能对教师角色的重塑机制，均预留了富有潜力的探索空间。

总体而言，对于职业教育研究者，本书是理论创新的问道参考；对于政策制定者，本书是实践操作的索引示范；对于一线教师，本书是专业发展的方案镜鉴。期待该研究著作能转化为我国职业教育改革的实践动力，为我国新质生产力的蓬勃发展筑牢人才之基贡献一份力量！

匡瑛

教授、博导

2024 年 11 月书于华东师范大学丽娃河畔

前言

在新质生产力快速迭代与产业转型升级的背景下，职业教育作为技术技能人才培养的核心载体，其高质量发展对于支撑经济社会创新驱动具有重要的战略意义。新质生产力的发展不仅面向未来产业和新兴产业，还有对传统产业的改造升级，因此不仅需要创新型工程师、战略科学家等高端研究型人才，还需要大批的高素质技术技能人才，将先进的科学技术和科技成果转化为应用实践等现实生产力。他们既能引领世界科技前沿、创造新型生产工具，又能熟练掌握新质生产资料，还能熟练融合新的生产要素。高素质技术技能人才是中国建设世界强国、实现中国式现代化的重要组成部分。因此，职业教育肩负着为新质生产力前瞻性培养“新质技术技能人才”的重任，与之相应，职业教育教师结构和教师素质也要发生变化。

高职院校“双师型”教师兼具理论素养与实践能力，是破解职业教育人才培养供给侧与产业需求侧结构性矛盾的关键力量。然而，当前“双师型”教师培养仍面临职前职后衔接不足、产教融合机制不畅、能力要素适配性弱等现实困境，制约了职业教育服务新质生产力发展的效能。基于此，本研究以新质生产力发展为逻辑起点，通过理论阐释、实证调查与国际比较，解构“双师型”教师的能力要素，剖析培养困境的生成机理，进而提出多维度协同的培养体系，旨在为职业教育师资队伍建设的理论创新与实践优化提供参考。

本书第一章重点分析了新质生产力背景下高职院校“双师型”教师培养的价值旨归，分别从高职院校“双师型”教师培养的重要性和可行性两个角度来阐述。劳动者素质是新质生产力发展的人才根基，而职业教育是高素质技术技能人才培养的主阵地，因此，一方面，新质生产力的发展需要高职院校“双师型”教师；另一方面，高职院校“双师型”教师队伍建设取得新突破以及职业教育与产业融合发展取得新成效也为“双师型”教师的培养打下了坚实的实践基础。

第二章首先从职业素养与背景、精湛技术技艺、多元知识体系、文化传承使命等四个方面解读“双师型”教师的内涵；然后剖析了“双师型”教师的特征表现，即职业角色的专业性、培养过程的实践性、教师能力的多元化等；最后提出高职院校“双师型”教师的理论基础是人性假设理论、教师专业化理论与职业生涯管理理论，并指出对高职院校“双师型”教师研究的启示。

第三章对高职院校“双师型”教师培养现状开展了基于访谈调查的循证研究，设计了面向人事管理部门人员（11 个问题）、骨干教师（9 个问题）、新入职教师（12 个问题）、企业人员（6 个问题）以及学生（3 个问题）的访谈提纲；选取了 10 名教师、3 名人事管理部门人员、2 名学生、3 名企业代表进行访谈。基于访谈过程，界定了新质生产力背景下“双师型”教师的“三维五要素”能力框架：价值维度——“教育家精神、工匠精神”、技术维度——“数字能力”、实践维度——“教育教学能力、实践能力”。最后指出当前高职院校“双师型”教师培养面临的困境，即“双师型”教师职前培养不足、职后培养理念有待更新、培养机制需要完善、企业高技能人才进入职业院校路径有待畅通，为后续分析原因及提出有针对性的对策建议打下实践基础。

第四章对高职院校“双师型”教师开展国际比较研究，主要剖析了德国和澳大利亚职业教育教师队伍建设现状，德国“双元制”和澳大利亚 TAFE 学院两种师资培养模式，以及对我国职业教育师资培养的借鉴与启示，即完善高职院校“双师型”教师培养的保障机制，构建高职院校“双师型”教师培养的职前职后体系，完善高职院校“双师型”教师培养的制度建设。

第五章对新质生产力背景下高职院校“双师型”教师培养体系进行研究，主要从培养机制、培养策略、培养路径研究出发，构建高职院校“双师型”教师培养体系。培养机制主要有：聚焦先进制造业，探索“双园”产教融合新机制；弘扬教育家精神，厚植新质生产力发展新人才；聚焦传统文化，培育“双师”现代工匠新精神；聚焦“五金”新基建，提升“双师”教育教学新能力；聚焦数字经济，助推“双师”数字素养新升级；聚焦技术赋能，引领“双师”实践能力新高端。本研究从培养主体、培养模式、培养流程出发，提出高职院校“双师型”教师培养策略。最后提出高职院校“双师型”教师培养路径，即激发教师自我发展的主动性、建立健全教师评价和激励制度，积极开展各类培训，组织教师开展应用型研究，建立专兼结合的“双师型”教师队伍。

新质生产力背景下如何积极推进“新质技术技能人才”培养的高质量发展改革，推动职业教育与新质生产力同频共振、和谐共生，是职业教育面临的重大时代命题。本研究以新质生产力与职业教育的耦合关系为切入点，系统论证了高职院校“双师型”教师培养的价值逻辑、能力结构与现实路径。在理论层面，通过人性假设理论、教师专业化理论与职业生涯管理理论的交叉融合，重构了“双师型”教师能力要素模型，凸显教育家精神与数字能力等新兴维度；在实践层面，基于循证研究，揭示了培养过程中职前供给不足、产教协同低效等问题，并通过德国、澳大利亚经验的本土化转译，提出“双园”融合机制与“五金”能力进阶等创新策略。研究结果表明，“双师型”教师培养需以动态适配新质生产力需求为导向，构建“机制—策略—路径”三位一体的生态化体系，强化教师主体能动性、多元主体协同性及数字技术赋能性。然而，受样本范围与国别经验的限制，研究结论的普适性仍需进一步验证。未来需进一步探究能力要素框架的权重分配模型及其动态调节机制，以完善教育主体能力发展的理论建构；持续探索人工智能等新兴技术对教师角色重塑的影响机制，以深入完善职业教育师资建设的理论范式与实践路径。

目录

第一章

新质生产力背景下高职院校“双师型”教师培养的价值旨归

新质生产力代表着先进生产力的发展方向，其特征彰显于技术突破和产业结构转型中，这一进程高度依赖于高技能人才、高科技含量的生产资料和广泛的劳动对象。在此背景下，高职教育发挥着至关重要的作用，它不仅是科技创新和产业变革的基石，也是推动新质生产力持续发展的重要因素。然而，高职教育在适应新质生产力发展的过程中面临着诸多挑战，包括育人理念的更新、师资队伍的建设等。基于此，本书通过构建“双师型”师资队伍等策略，推动高职教育与新质生产力高质量发展同频共振，为国家经济的持续繁荣与社会的全面进步提供坚实的人才支撑与智力保障。

第一节 高职院校“双师型”教师培养的重要性

我国职业教育在近十年的发展过程中，初步形成了具有中国特色的现代职业教育体系，但是也面临着一些新的困难和挑战。例如，技术技能人才在社会中的地位、待遇、保障程度较低；产教融合的问题没有从根本上得到解决，相关法律法规的落实还不够到位，学校和企业的利益难以融合，还未建成共生共长的校企合作机制；师资力量薄弱，特别是“双师型”教师数量不足，教师的专业实践技能有待提高，特别是教师参与企业、产业的生产实践项目不足，无法从实践中吸取经验反哺教学，导致学生操作训练以及了解真实生产实践项目的机会和途径有限；学生职业能力培养的质量有待提高，尚达不到新质生产力发展需要的新质技术技能人才的要求。

一、劳动者素质是新质生产力发展的人才根基

习近平总书记曾多次强调人才的重要性，“人才是创新的根基，是创新的核心要素”“人才资源是第一资源，也是创新活动中最为活跃、最为积极的因素”①。人类社会发展的历史表明，劳动者尤其是高素质劳动者是生产力中具有决定意义的因素。在科技创新作用下，不断涌现的新兴技术将引起生产、流通、分配和就业等领域的连锁反应，②从而对生产要素进行系统性重塑，劳动力、土地等传

---

① 中共中央文献研究室. 习近平关于科技创新论述摘编[M]. 北京：中央文献出版社，2016：119、110-111.

② 张宇燕. 理解百年未有之大变局[J]. 国际经济评论，2019(5)：9-19+4.

统生产要素的地位相对下降，人力资本、技术和数据等要素的重要性上升，[①]继而引领产业深度转型，发展新质生产力。

人是生产力要素中最活跃、具有决定意义的主体。[②] 新质生产力的发展归根结底要依赖于人，因此高水平人力资本是新质生产力发展的必要条件。只有培养出高素质、高技能的创新人才，才能实现生产要素的创新型配置。

目前，高技能人才群体在强化国家自主创新能力、促进产业技术结构高级化进程中扮演着无可替代的核心角色。鉴于此，教育事业被摆在优先发展的战略地位，其重要性不言而喻。职业教育是与产业结合最为紧密的一种教育类型，新质生产力为其带来了一个创新发展的关键契机。

二、职业教育是高素质技术技能人才培养的主阵地

习近平总书记在 2024 年全国教育大会上指出，“要统筹实施科教兴国战略、人才强国战略、创新驱动发展战略，一体推进教育发展、科技创新、人才培养”，“以科技发展、国家战略需求为牵引，着眼提高创新能力”，“构建职普融通、产教融合的职业教育体系”。[③]

职业教育作为孕育技术技能型人才的关键平台，不仅是提升劳动力整体素质的坚实基石，更是推动社会经济持续发展的重要引擎。党中央与国务院对职业教育的发展给予了高度关注与大力支持，通过一系列政策措施，积极推动职业教育体系的优化与完善，鼓励各级各类职业教育机构探索特色化发展路径，实现教育效益与社会效益的双重提升。培养高素质技术技能人才，能够释放人力资本的红利，对形成新质生产力具有基础性和先导性作用。推动职业教育高质量发展的关键路径在于设置与经济结构紧密相连的专业，培养经济社会发展所需要的高素质技术技能人才，从而推动形成新质生产力。

面对新质生产力的发展需求，职业教育培养的技术技能人才在技术创新和生产实践之间发挥着桥梁纽带作用。职业教育成为科技产业和创新人才的交叉点，培养的是衔接科技和实践的桥梁人才，即将图纸落地的高水平技能人才，将科学技术转化为成果应用、实现产品批量化落地生产的应用型人才。中国要真正成为一个经济强国、制造强国，需要数量充足、质量优良、结构合理的高技能人

---

① 杜丽群. 中国“双循环”的演进历程与实践路径[J]. 人民论坛·学术前沿，2022(23)：4-11+21.

② 李政，崔慧永. 基于历史唯物主义视域的新质生产力：内涵、形成条件与有效路径[J]. 重庆大学学报(社会科学版)，2024，30(1)：129-144.

③ 习近平在全国教育大会上强调 紧紧围绕立德树人根本任务 朝着建成教育强国战略目标扎实迈进[N]. 人民日报，2024-09-11(1).

才。职业教育在培养新质生产力所需的高素质技术技能人才中发挥着不可替代的作用。因此,必须发挥职业教育产教融合、校企合作的办学优势,形成集聚效应,为新质生产力发展筑牢基地,提供源源不断的人才支撑。

三、新质生产力发展需要高职院校“双师型”教师

在新质生产力发展过程中,教育、科技和人才都在推动经济发展的变革。党的二十大报告指出,教育、科技、人才是全面建设社会主义现代化国家的基础性战略性支撑。[①] 要通过统筹教育、科技、人才,共同推动科技创新。习近平总书记在中共中央政治局第十一次集体学习时也强调,要“畅通教育、科技、人才的良性循环”,“为发展新质生产力、推动高质量发展培养急需人才”。[②] 新质生产力的发展过程应该是教育、科技、人才多方力量共同发挥作用的过程,也就是要将教育链、创新链、科技链、人才链与产业链深度融合。[③]

在教育、科技、人才一体化统筹发展过程中,职业教育发挥着承上启下的桥梁衔接作用。科技创新成果转化为生产实践离不开技术技能人才的运用、生产、经营和管理。因此,技术技能人才是链接产业创新和生产实践最核心、最基础的新质生产力要素。职业教育与技术技能积累、社会经济发展之间存在着相互依赖的关系,劳动者素质的提升以及劳动力结构的优化会为新质生产力的形成提供坚实保障。因此,新质生产力发展的关键在于人力资本的迭代升级,归根到底就是职业教育的问题。[④]

教师是立教之本、兴教之源,是国家富强、民族振兴、人民幸福的重要基石。教师既是推动教育高质量发展的根本条件,也是推动教育改革创新的基本力量,还是培养担当民族复兴大任时代新人的关键主体。“双师型”教师是我国职业教育教师队伍的重要组成部分。加强“双师型”教师队伍建设是职业教育发展规律的客观要求和培养高素质技术技能人才的必然选择。因此,推进职业教育高质量发展、办好人民满意的职业教育、建设职业教育强国等均需要“双师型”教师队

---

① 习近平. 高举中国特色社会主义伟大旗帜 为全面建设社会主义现代化国家而团结奋斗——在中国共产党第二十次全国代表大会上的报告[EB/OL]. (2022-10-25)[2024-03-19]. https://www.gov.cn/xinwen/2022-10/25/content_5721685.htm.

② 习近平在中共中央政治局第十一次集体学习时强调:加快发展新质生产力 扎实推进高质量发展[EB/OL]. (2024-02-01)[2024-03-19]. https://www.gov.cn/yaowen/liebiao/202402/content_6929446.htm.

③ 李英利. 在教育、科技、人才“三位一体”战略推进中深化职业教育改革与发展[J]. 国家教育行政学院学报,2023(7):17-21.

④ 刘伯彬. 教育是生产力之母[J]. 中国教育学刊,1996(5):3-7.

伍这一中坚力量和可靠资源提供强有力支撑。

在本研究的访谈中，很多教师和管理者都表达了对高职院校“双师型”教师重要性的认识。首先我认为职业教育作为一种类型教育，对接职业、对接岗位、对接行业产业，与职业、岗位、行业产业具有很强的相关性，与本科教育有着本质的区别。“双师型”教师是中坚力量，具有不可估量的作用和价值(J01-20-20240830)。老师只有知道专业对应的就业岗位是什么，才能够给学生讲清楚真正的职场中需要什么样的理论知识和实践技能。如果我们老师都不知道，那讲授的知识在很大程度上就是照本宣科、苍白无力(J04-15-20240928)。“双师型”教师是教学改革实施和实践的主体。他们能够基于自身的实践经验和对行业的了解，提出具有针对性的教学改革建议，推动学校教育教学改革深入进行(M01-1-20241011)。高职院校培养的技术技能型人才服务于生产一线，学生在学校里所学到的知识和技能是在未来的工作中可以直接应用的(J10-28-20241022)。“双师型”教师的培养是提升高职院校办学质量的重要因素之一。因为高职院校主要是培养技术技能人才，对教师实践能力的要求更加突出。加强“双师型”教师的培养，可以提高教师的专业素质和实践能力，进而提升学校的整体教学质量和学生的就业竞争力。他们能够将最新的行业知识和经验融入教学过程，使课程内容更贴近实际工作岗位，极大地提高了教学的实用性和针对性。其不仅能够指导学生将课堂上学到的理论知识应用到实际操作中，还能帮助学生解决实际操作中遇到的各种问题，培养学生解决实际问题的能力和创新思维能力。学生进入职场后能够迅速适应工作环境，为企业和社会创造更大的价值，不仅提高了学校的就业率，还进一步提升了学校的声誉和竞争力(M02-2-20241026)。

第二节　高职院校“双师型”教师培养的可行性

党中央历来高度重视教师队伍建设。特别是党的十八大以来，以习近平同志为核心的党中央从战略高度认识到教师工作的重要性，坚持把教师队伍建设作为基础性工作来抓。此外，职业教育在国家发展战略中的地位显著提升，成为培养高素质技术技能人才、服务国家战略需求和区域经济社会发展的重要途径。产教融合是职业教育的本质特征，深入推进产教融合是职业教育改革的主线，是办好职业教育的关键所在，也是培养“双师型”教师的重要途径。高职院校“双师型”教师建设工作以及职业教育产教融合均取得一定的新突破与新成效，为高职院校“双师型”教师培养提供了坚实的基础。

一、高职院校“双师型”教师队伍建设取得新突破

（一）习近平总书记高度重视职业教育

习近平总书记围绕职业教育发表了一系列重要论述，勾勒了职业教育发展的新图景，提出了职业教育建设的新理念，阐述了职业教育改革的新路线，形成了系统的职业教育观。习近平职业教育观谋定社会主义现代化强国建设的战略全局，指向“高质量发展”首要任务，前瞻性地论述了“为什么要办好职业教育”“办好怎样的职业教育”“如何办好职业教育”等诸多理论性、根本性问题，是新的历史时期我国职业教育高质量发展的根本遵循，为推进我国职业教育现代化、加快建设教育强国提供了方向指引、理论指导和行动指南。

习近平职业教育观的主要内容包括坚持社会主义办学方向，坚持为党育人、为国育才，落实立德树人根本任务，回答好“培养什么人、怎样培养人、为谁培养人”这一根本性问题，明确职业教育“基础工程、同等重要”的战略定位、“前景广阔、大有可为”的价值功能、“构建现代职业教育体系、为经济社会发展培养大批高素质人才”的目标任务。

（二）职业教育“双师型”教师队伍建设成绩凸显

习近平总书记高度重视教师队伍建设。在 2024 年全国教育大会上，习近平总书记指出，要实施教育家精神铸魂强师行动，加强师德师风建设，提高教师培养培训质量，培养造就新时代高水平教师队伍。①

高职院校“双师型”教师队伍建设工作取得了突出的成绩。健全新时代职业教育教师标准体系。首次在国家层面对“双师型”教师的内涵要求、认定范围、认定过程等进行明确和规范。优化职业教育教师培训体系。推动高水平大学、头部企业和职业院校组建共同体，分层分类共建 170 个“双师型”教师培训基地。持续实施职业院校教师素质提高计划，完成国家级培训 13.6 万人次，省级培训 9.2 万人次。实施“职教国培”示范项目。会同工业和信息化部、国务院国资委等部门遴选确定 100 家央企、国企等作为全国职教教师企业实践基地，发布实践项目 1 000 余个，提供实践岗位 2 万余个。加强“双师型”教师团队建设。持续

---

① 习近平在全国教育大会上强调 紧紧围绕立德树人根本任务 朝着建成教育强国战略目标扎实迈进[N]. 人民日报，2024-09-11(1).

开展全国职业院校教师教学创新团队建设项目，开展首批 122 个团队培育单位验收，带动建设省级、校级团队 1 000 余个。启动实施“新时代职业学校名师(名匠)名校长培养计划”，搭建国家级工作室和技能平台，带动职业教育教师校长能力素质整体提升。①

二、职业教育与产业融合发展取得新成效

2023 年 3 月，教育部职业教育发展中心产教合作处组织调研团组，选择东部、中部、西部的职业院校和企业开展调查，向 80 所职业院校和 118 家企业发放了问卷，对产教融合取得的成效进行了分析。具体如下：

产教融合的制度设计更加完善。党的十八大以来，以习近平同志为核心的党中央将深化产教融合作为推进职业教育高质量发展的重中之重。《国务院办公厅关于深化产教融合的若干意见》《职业学校校企合作促进办法》等深化产教融合的政策文件相继出台；《国家职业教育改革实施方案》对深化产教融合进行全面制度设计；《关于深化现代职业教育体系建设改革的意见》提出以提升职业学校关键能力为基础、深化产教融合为重点、推动职普融通为关键、促进科教融汇为新方向，构建“一体两翼”工作格局，推动职业教育提质升级。一系列政策法规的出台，标志着保障职业教育产教融合的制度体系逐步健全。

对产教融合规律的认识更加透彻。从校企合作到产教融合，既体现了对职业教育与产业融合关系内涵和规律探索的逐步深入，也体现了对职业教育基本办学模式认识的不断深化。深入推进产教融合是实现教育链、产业链、供应链、人才链与价值链有机衔接的重要举措，也是衡量职业教育改革成效的重要因素。

产教融合发展路径更加明晰。从建设产教融合型城市到打造市域产教联合体，从培育产教融合型企业到建设行业产教融合共同体，逐步形成了以城市为节点、行业为支点、企业为重点的产教融合改革进路，有效推动了各类主体协同配合，深化产教融合、服务区域经济发展。②

“双师型”教师需要同时具备理论教学和实践教学能力。在“双师型”教师队伍建设中，产教融合发挥着至关重要的作用，是“双师型”教师培养的必由之路、关键支撑、根本保证。因此，产教融合高质量发展有利于建设高水平的职业教育“双师型”教师队伍。

---

① 教育部教师工作司. 躬耕教坛 强国有我——以高素质教师队伍为教育强国建设提供有力支撑[EB/OL].(2023-08-31)[2024-03-19]. http://www.moe.gov.cn/fbh/live/2023/55499/sfcl/202308/t20230831_1077251.html.

② 唐以志. 教育强国建设背景下推动职业教育与产业融合深入发展[J]. 中国民族教育，2024(2)：5-7.

第二章

高职院校“双师型”教师理论基础

理论和实践之间是辩证的关系，而不是简单的二元对立，或者是相互配合的关系。一个没有实践视野的理论工作者，他的理论可能是没有生命力的；而一个只有实践却没有理论洞察力的实践者，他的实践会是盲目的，而且会失去方向。因此，我们要在理论基础上开展高职院校“双师型”教师培养的内涵研究与循证研究。本章首先对“双师型”教师的内涵进行解读，然后提出高职院校“双师型”教师的理论基础是人性假设理论、教师专业化理论与职业生涯管理理论，最后界定了新质生产力背景下“双师型”教师的能力要素。

第一节 “双师型”教师的内涵解读与特征表现

“双师型”教师概念的提出源于 20 世纪 90 年代。1995 年，国家教委（现为教育部）《关于开展建设示范性职业大学工作的原则意见》（教职〔1995〕15 号）出台，指出示范性职业大学应“有一支专兼结合、结构合理、素质较高的师资队伍。专业课教师和实习指导教师要具有一定的专业实践能力，其中有三分之一以上的‘双师型’教师”，“师资队伍结构合理，水平较高。专业课教师和实习指导教师基本达到‘双师型’要求”。① 2000 年，教育部《关于加强高职高专教育人才培养工作的意见》（教高〔2000〕2 号）明确指出，“抓好‘双师型’教师的培养，努力提高中、青年教师的技术应用能力和实践能力，使他们既具备扎实的基础理论知识和较高的教学水平，又具有较强的专业实践能力和丰富的实际工作经验”②。教育部等四部门《深化新时代职业教育“双师型”教师队伍建设改革实施方案》（简称《职教师资 12 条》）指出，突出“双师型”教师个体成长和“双师型”教学团队建设相结合，提高教师教育教学能力和专业实践能力，优化专兼职教师队伍结构，大力提升职业院校“双师型”教师队伍建设水平。③

“型”在汉语中指类型、样式，而“双师型”的关键应该是“双师”的内涵与特征。“双师型”教师不仅仅出现在教育教学领域，还出现在其他领域，涉及多个学

① 李宗尧.中国高等职业技术教育研究会史料汇编[M].北京：高等教育出版社，2002：559-561.

② 关于印发《教育部关于加强高职高专教育人才培养工作的意见》的通知[EB/OL].(2000-01-17)[2024-03-19]. http://www.moe.gov.cn/s78/A08/tongzhi/201007/t20100729_124842.html.

③ 教育部等四部门关于印发《深化新时代职业教育“双师型”教师队伍建设改革实施方案》的通知[EB/OL].(2019-10-17)[2024-03-19]. http://www.moe.gov.cn/srcsite/A10/s7034/201910/t20191016_403867.html.

科界域，因此，应该对它进行一个多领域的界定。

一、“双师型”教师的内涵解读

（一）具备职业素养与背景的“双师型”教师

“双师型”教师是连接专业教育与职业实践的桥梁。其不仅仅是某个专业学科的教育者，也是具备特定知识与技能的职业人。例如，电子信息技术专业的“双师型”教师，不仅要具备专业教育教学能力，而且要了解专业相对应职业的背景知识及操作技能。而传统的专业课教师可能只具有专业知识与技能以及一定的教育教学能力，能够把自己的专业知识传授给学生，但无法与企业真实的生产实践紧密结合，导致学生不了解真实的生产过程。而“双师型”教师特别强调企业实践经历，可以帮助学生真正了解生产、管理、服务等相应职业岗位的现状与未来发展趋势。

第一，“双师型”教师以正确价值观塑造学生的职业素养。“双师型”教师通过自己所对接的企业，在日常教学、实验实训等多个环节对学生进行职业行为的示范、引领，潜移默化地传递职业价值。因此，教师首先要具备正确的职业价值观，才能将追求卓越、注重创新、遵守规范的职业道德、职业操守、职业行为准则等职业价值观传递给学生。

第二，“双师型”教师能够融合产业需求与人才培养目标，精准指引学生职业发展。“双师型”教师不仅要具备教育教学能力，更要能够胜任自己专业所在产业的相关科研、社会服务等职业岗位，能够对学生将来所从事职业的能力要求、标准等进行分析，为学生提供相关就业指导。“双师型”教师能够在日常的教育教学活动中，根据其专业相关职业的标准、属性，开发对应的课程，确定学生未来职业能力要求所需要的教育教学目标，选择合适的课程教学内容，从而将自己的教育教学活动与专业所在产业进行有效融合，让学生能够及早了解、熟悉、热爱自己将来所从事的职业岗位等。“双师型”教师能够提前对学生进行职业规划，这种规划不是普适性的规划，而是作为同专业引路人、同行前辈的规划与指引。

（二）掌握精湛技术技艺的“双师型”教师

首先，“双师型”教师是职业教育的关键力量与技术技能传承的核心象征。职业教育，作为一种以技术、技能为核心传递内容的教育形式，与普通教育的本质区别在于其教育内容的强烈技术导向性。这一特性要求职业教育者不仅要传授基础理论知识，更要将职业技术的精髓有效传递给学生，实现知识的实践转化与技能内化。在此价值维度上，“双师型”教师作为国家技术技能发展战略的关键执行者，肩负着技术技能传递与积累的双重使命，其角色超越了传统教师教育者的范畴，成为国家技术技能形象的具体化身，在一定程度上代表着国家在技术技能领域的发展与传承水平。“双师型”教师承载着推动技术技能强国建设的重大历史使命，这是实现中国梦不可或缺的一环。从更广阔的视角审视，制造与使用工具以及技术的文化承续，不仅是人类生存模式的基石，更是所有社会形态发展演进过程中不可或缺的实践活动，彰显了人类智慧与文明的连续性与创新性。

其次，“双师型”教师在职业教育中扮演着实践技能培养的关键角色。职业教育与普通学术教育在类型上有很大差别，前者以培养技术技能人才为目的，强调实践技能的培养，而后者更注重理论知识的传授。因此，“双师型”教师一定要具备所在专业、产业领域的实践操作技能，了解所在行业的现状与发展趋势，从而在课程和教学中增加与培养学生实践技能密切相关的知识点、技能点，提早为学生走入社会打下坚实的技术技能基础。

最后，“双师型”教师是应对技术知识隐性特征的主导力量。技术知识的隐性特征（意会属性）尤为显著，使得对“双师型”教师的需求更加迫切。技术知识的情境嵌入性表明，“双师型”教师的培养与发展需植根于真实的生产环境之中，同时其技术技能教学实践亦需紧密依托企业生产的实际经验。因此，“双师型”教师不仅是教育领域的实践者，更是与具体生产流程深度融合的教育者。其技术技能素养并非抽象概念，而是根植于现实，能够有效将实际工作场景中的技术技能转化为教学内容，并传授给学生。接受访谈的高职院校教师也普遍认可这一观点。高职院校教师要紧跟产业步伐，了解最新的行业趋势和人才需求，才能够及时更新教学内容，不跟市场和行业脱钩（J03－20－20240920）。教师要熟悉企业的生产流程和技术要求，能够将企业的实际需求融入教学，培养学生的实践能力，提升学生的职业素养。要积极参与产教融合、校企合作项目，开展技术研发、技术咨询、技术服务等（J03-20-20240920）。

（三）构建多元知识体系的“双师型”教师

“双师型”教师的专业化必然要依赖于知识的专业化。知识是人们对客观事物信息的反映，以及对信息的储存、加工、提取的产物。“双师型”教师具有特殊的知识结构。这一知识结构不同于一般的职业教育教师的知识结构，体现出“双师”的特点，包括专业背景知识、教育教学知识和职业知识体系三大类。“双师型”教师在教育活动中具有三种活动类型，包括认识活动、实践活动和反思活动，也相应具备认识性知识、实践性知识和反思性知识。

1. 专业背景知识

“双师型”教师能胜任某一专业领域的工作，一定具备这一专业领域的知识，包括专业基础理论知识、专业核心实践知识以及专业反思知识。

专业基础理论知识，即教师应具备扎实的专业理论基础知识，能够以科学、系统的视角对自身专业领域进行理性分析与整体评估。例如计算机专业领域的教师应该具备计算机原理、编程语言、数据结构、操作系统、数据库、网络等知识，并了解大数据、人工智能与机器学习、量子计算、区块链技术、物联网、5G与未来通信技术、边缘计算等前沿知识。

专业核心实践知识，包括教师能够承担实验实训等方面的工作，如课程教材、专业建设、实训基地等方面的实践性知识，能够根据学生学情制定人才培养方案、开展实践教学活动。

专业反思知识，本质上是一种元认知能力，它要求教师对自己的专业理论与实践活动进行深度审视与内省。具体而言，它需要持续探索专业存在的意义与价值，以及对教师个人教育教学过程的科学性、合理性进行严谨的自我评估。在此过程中，教师需敏锐识别并剖析现有教育教学实践中的不足与待改进之处，以期通过反思促进“双师型”教师的专业化成长，进而提升其理论知识水平、实践技能及综合素养。

2. 教育教学知识

“双师型”教师应该具备基本的教育教学能力，体现教师的师范性特征，要了解学生的成长发展规律、教育教学的客观特征，要具备教育学知识、心理学知识、教学论知识、课程教育管理等教育理论和实践知识。

要了解如何开展教育教学工作实践。教师在日常的教育教学过程中应不断总结自己的实践技能，生成具有个性特点的教学智慧。教师的实践性知识是在实践中建构、关于实践并且指向实践的知识。教育反思性知识是要经常反思自己的教育教学实践活动安排是否合理有效，能否促进学生知识体系的建构、技能的提升、价值观的培养，并且能够通过这种反思改进教学，及时调整教学的进度、内容、方法、策略，从而提高教学质量。

3. 职业知识体系

“双师型”教师的最大特点就是其与专业所对接的职业联系密切。

职业基础理论知识，即要了解未来学生面对的职业的基础科学理论知识，如职业标准、职业指导、职业规范等，以及学生未来会面对的职业价值观、职业文化、职业操守，从而在教学中融入职业技能岗位要求。

职业实践应用知识主要是指在职业活动中如何操作实践应用的知识，比如某一生产线是如何在真实的工作实践中操作、制作和加工的。例如，电气自动化专业要了解机械加工制造方面的生产过程。

“双师型”教师的职业知识结构应该是理论与实践并重。“双师型”教师的实践应用知识具有场景依赖性、隐晦性、独特性的特点。场景依赖性是指“双师型”教师的实践知识是在职业教育实践中针对具体问题，特别是结合企业某一真实的生产管理服务情境所体现出来的知识；隐晦性是指“双师型”教师的实践知识有时很难用语言表达出来，更多的是教师在长期的教育实践中摸索领悟而来，对学生产生潜移默化的影响，起到榜样引领示范作用；独特性是指“双师型”教师的实践知识在不同的个体及情境中具有非普遍性。不同的“双师型”教师身上携带着不同的职业文化、企业文化，对生产实践、实习实训的操作技能会有不同的反思和总结。

职业反思知识同样具备理论性与实践性的双重属性，是以职业理论体系为根基，对职业活动中的技术逻辑（如生产流程设计）、价值规范（如行业伦理标准）及实践范式（如技能操作标准）进行系统性评估的认知体系。其本质是对职业认知的元层次批判，对职业理论及其在职业活动中的具体应用过程进行深入反思的知识体系。要向“双师型”教师强调反思性知识的重要性，从职业反思的理论性知识逐渐形成职业反思的实践性能力。教师要脱离教育教学实践活动观察、批判、评价自身的认识和行为，从而重新构建知识结构、能力结构，改进教育教学，提高教学质量。例如，汽车维修专业的“双师型”教师通过比对《新能源汽车三电系统维修规范》（技术逻辑），在实训课中遵照汽车行业维修价值规范，采用“故障树分析法”拆解电池热失控案例（实践范式），最终形成模块化教学资源包（教育传播）。

（四）肩负文化传承使命的“双师型”教师

第一，“双师型”教师文化是价值融合与实践生成的过程。我们不难发现，培养“双师型”教师的过程实则是一场深邃而丰富的文化塑造之旅，其核心在于“双师”文化的滋养与引导。该文化不仅是精神层面的观念汇聚，也是实践维度的行为展现。具体而言，这种文化特质融合了学术的严谨、职业的专精以及教育的情怀，三者交织共生，共同塑造了“双师型”教师的独特风貌。

从观念转型的视角审视，这一过程要求“双师型”教师个体在价值观层面实现工作导向、学术追求与教育使命的和谐统一。这意味着教师需将工作视为实现个人价值与社会责任的双重舞台，同时在学术探索上保持不懈追求，并将此转化为促进学生成长与进步的教育力量。进而在行为层面上，“双师型”教师的教育实践活动发生了深刻变革。他们不再局限于传统的知识传授与理论阐释，而是更加注重通过实践操作、情景模拟等手段，引导学生将所学知识转化为解决实际问题的能力。这种从“静”到“动”、从“知”到“行”的转变，正是“双师型”教师教育模式创新的重要体现。

第二，“双师型”教师文化兼具企业与职业文化的特点。“双师型”教师与普通职业教育教师职业文化的区别主要在于“双师型”教师对于企业的生产、实践、管理更为了解，自然而然会将企业文化带入校园文化。也就是说，“双师型”教师在课堂、实习实训等各种教学场所潜移默化地将职业形象、职业行为、职业礼仪、职业制度、职业规范、职业价值观等传递给学生，而这也正是“双师型”教师的重要价值之一。

第三，“双师型”教师文化是高职院校学生职业能力发展的关键驱动力。深入探讨“双师型”教师文化对高职院校学生职业能力发展的影响，需要从学术视角进行细致剖析。首先，“双师型”教师文化作为一种不可忽视的力量有效促进了职业教育环境中工业文化的渗透与融合，实现了产业文化向教育领域的延伸、工业文化在校园内的扎根以及企业文化对课堂教育的深刻渗透。这一文化交融过程不仅拓展了教育内容的广度，而且为学生提供了贴近实际工作环境的学习体验。职业教育领域产教融合的办学实践充分体现了“双师型”教师的独特价值。具体而言，这些教师凭借其在企业中的生产实践经历，为学生构建了一个更加真实、具体的职业世界图景。这种经历的传递不仅加深了学生对企业工作本质、流程、挑战及机遇的认知，更在潜移默化中塑造了学生的职业价值观、职业态度，培养了学生的职业工作技能。通过“双师型”教师的引导，学生得以在学术理论与职业实践之间架起桥梁，实现知识到能力的有效转化，为未来的职业生涯奠定坚实的基础。一位企业技术能手认为“双师型”教师还可以培养学生的自豪感。例如职业院校老师到我们这边来看我们的设备、工艺、材料，他把这些信息全带回学校里面转化为教学内容，等学生实习或就业到企业以后，他们发现自己在这个企业见到的东西都是在学校里老师教过的，能在企业中发挥他们的能力。这无疑会增加学生就业的信心与期待（Q01-25-20241028）。

综上所述，“双师型”教师的培养过程是一个在“双师”文化引领下，观念与行为同步进化、相互促进的复杂文化过程。它不仅关乎教师个体的成长与发展，更对职业教育乃至整个教育体系的变革与创新具有深远意义。

二、“双师型”教师的特征表现

（一）“双师型”教师的专业性特征

“双师型”教师这一职业角色的专业性可以通过“双师型”教师的目标群体、资格标准、培养路径等说明。

第一，“双师型”教师是专业化价值追求的表现。“双师型”不是对一部分职业教师的要求，而是对所有高职院校专业教师的标准和要求，应成为高职院校教师追求专业化的职业目标身份。

第二，“双师型”教师已经成为一项资格标准。例如，一些省份或高职院校规定，如果教师具有所教学段教师系列高级专业技术资格，同时具有本专业非教师系列高级专业技术资格，或高级职业技能等级证书，或职业资格证书，或执业证书等，可以直接认定为“双师型”教师。“双证”可以说明其是特定专业或行业的专家，从而充分证明“双师型”教师角色的专业性，这是职业教育区别于普通教育的核心特点。

第三，“双师型”教师的培养需要专门化的机构和培养体系。仅仅依靠企业或普通高校都不能培养出“双师型”教师，只有校企双方产教融合、双元合作，才能培养出既具有专业实践能力、企业实践能力，又具备基本的教育教学能力，也就是同时具备学术性专业、教育性专业以及职业性专业的教师。以上体现了高职院校“双师型”教师的专业性特征。

（二）“双师型”教师培养过程的实践性

“双师型”教师区别于普通教师的一个重要特点就是其具备丰富的实践经验。第一，“双师型”教师的成长具有个性化的特点。教师在企业实践、产业实践、行业锻炼的过程中，不断地将所学的理论知识与生产实践结合起来，是一个不断自我批评及反思的过程。第二，“双师型”教师的成长实践一定是基于真实的特定场景的。“双师型”教师在企业或行业的生产实践过程中不断地吸收模仿、学习借鉴，将自己的职业性专业知识、学术性专业知识以及教育教学专业知识融会贯通，并将企业真实的生产实践项目引入教育教学，为学生开拓视野、了解真实场景提供了充足的机会。第三，“双师型”教师能力要求还包括实践性智慧。除了教育教学以及学术性专业知识，教师的教学过程还充分体现了实践性智慧因素，“双师型”教师能够为学生提供贴近真实生产情况的教学，更好地培养学生的应用能力与实践能力，帮助学生学会职业技术技能，并将一些企业资源转化为学生的就业资源，为学生的就业提供有效的指导，提升了学生的就业率。

“双师型”教师能够将职业专业知识与技能相融合，将职业素质、专业知识及教育教学技能融为一体，是专业建设的骨干，帮助团队更好地推动课程开发、教材建设、实训基地建设、专业建设等，了解真实生产实践情况，更好地与企业的专家学者合作开发产教融合多形态教材。此外，“双师型”教师还具有社会服务功能，能帮助企业员工开展相应培训。

总之，“双师型”教师在专业建设、产教融合、校企合作、社会服务、人才培养、提升就业质量等方面发挥着突出的作用。

（三）“双师型”教师能力的多元化

在深入探讨职业教育的核心特质时，我们不难发现，其教育范式显著地聚焦于能力构建的维度，强调技术精进与技能深化的双重提升。职业教育之精髓在于它不仅承载着知识传授的基本职能，更在于其全方位培养学生的技术综合能力，尤其是对学生创新意识与创造潜能的激发与培育。这一过程巧妙地融入了“知行合一”的教育理念，“实践中学”的模式不仅锤炼了学生的动手操作能力与实践应用技能，还深刻地促进了他们探索新知、解析疑难、团队协作、信息整合等多维度能力的全面发展。简言之，职业教育致力于培养出能够将理论知识灵活应用于实践场景，具备解决实际问题能力的高素质技术技能型人才，而这正是新质生产力发展迫切需要的人才基础。

同时应注意，“双证”不一定是“双师”，因为证书的考取可能会落后于实际的实践技能。随着技术进步、产业结构调整，一些职业技能更新速度加快，而专业课教师的证书只是其过去能力的体现，并不代表他们目前具有最新技术与实践能力，因此“双证”不一定是“双师”，拥有证书只是一个门槛。同时，“双师”不是教师和工程师的简单叠加，教师和工程师所面对的对象、生产环境以及具备的能力是不一样的，两者在知识、能力、态度方面应该是有机融合的，不能简单理解为“双师”就是既具备教师的能力，又具备工程师的能力。

第二节　“双师型”教师培养的理论依据

高职院校“双师型”教师的理论基础是人性假设理论、教师专业化理论和职业生涯管理理论。

一、人性假设理论

马克思认为不能脱离人所处的社会关系来研究人性。人的本质是一切社会关系的总和。西方管理心理学提出了四种人性假设理论，即“经济人”假设理论、“社会人”假设理论、“自我实现人”假设理论和“复杂人”假设理论。①

1. “经济人”假设理论

“经济人”假设理论最早由英国经济学家亚当·斯密（Adam Smith）提出。他认为，人工作就是为了获得物质报酬。美国管理学家麦格雷戈（D. M. McGregor）在其所著《企业的人性面》一书中提出了两种对立的管理理论，其中X理论就是对“经济人”假设的概括，鼓励企业用物质奖励来刺激工人，提高生产效率。

“经济人”假设理论认为人的追求就是趋利避害，用最小的成本获取最大的收益。这种观点认为人性本恶，用金钱刺激的手段鼓励员工，用严厉的惩罚措施对待那些消极怠工的人，违背了马克思主义关于人是社会关系总和的观点。

2. “社会人”假设理论

“社会人”假设理论最早来自梅奥（G. E. Mayo）主持的霍桑实验（1924—1932年）。梅奥认为，对于一个人来说，其生产积极性不是由金钱物质决定的，而是由人所处的社会关系决定的。企业管理者可以通过关心员工的社会关系、家庭关系来激发员工的生产积极性，提高其工作效率。

霍桑实验认为员工的工作积极性及对工作的热情决定了生产效率。1945年梅奥所著的《工业文明的社会问题》一书出版，总结了霍桑实验以及其他实验的结果。首先，之前的管理认为物质是唯一的激励手段，而霍桑实验证明人不仅会受到社会关系的影响，还会根据内心情绪调节行为状态；其次，之前的管理认为工作环境、条件是影响生产效率的主要因素；最后，之前的管理只关注组织机构制度等。

从“经济人”到“社会人”是一种进步，但是并没有从根本上解决问题。这种进步只是因为企业间的竞争加剧，没有从根本上改变资本主义的剥削制度。

3. “自我实现人”假设理论

“自我实现人”（self-actualizing man）的概念是马斯洛提出的。他认为人类有生理需求、安全需求、归属需求、尊重需求和自我实现需求五个需求层次，最高层次是自我实现需求。麦格雷戈根据自我实现理论提出了Y理论，他认为对人的奖励可以分为外在奖励（工资、良好的人际关系等）和内在奖励（人们在工作过

① 邹碧海.实用管理心理学[M].重庆：重庆大学出版社，2009：15-25.

程中能获得知识、发挥自己的潜力)，内在奖励是奖励的主要方式。

“自我实现人”假设理论认为，人的自我实现是一个自然发展的过程，人之所以不能充分地自我实现，是由于受到环境的束缚和限制。实际上人是一切社会关系的总和，因此人的发展主要受社会的影响。

4. “复杂人”假设理论

人是很复杂的，在不同的年龄、时间、阶段会有不同的表现。根据“复杂人”理论提出了应变理论，也叫超 Y 理论。从“复杂人”假设出发提出的应变理论，并不是要求管理人员采取完全不同于上述三种假设的新措施，而是要求根据具体的人的不同情况，灵活地采取不同的管理措施。这就是说，要因人而异、因事而异，不能千篇一律。

“复杂人”假设理论，在一定程度上比之前的“经济人”“社会人”“自我实现人”假设理论有所进步。它强调应该根据不同人的需求、不同的情境，采用不同的管理措施。但是，“复杂人”假设理论过于强调人们之间的差异性，而忽视了人们的共同性。

综上所述，不论是“经济人”“社会人”“自我实现人”还是“复杂人”假设理论，都存在缺点与不足。本研究以“复杂人”假设理论为主要理论基础，强调根据不同的具体情况，针对不同的人采取灵活机动的管理措施，对于高职院校“双师型”教师培养有一定的启发意义。此外，学习“经济人”假设理论，提醒高职院校人事管理部门改变落后、错误的管理方式和方法，避免一味采取物质激励手段。借鉴“社会人”假设理论，关注高职院校“双师型”教师之间的关系，对于激发动机、调动教师的积极性来说，是比物质奖励更为重要的因素。学习“自我实现人”假设理论，充分发挥“双师型”教师的才能，相信教师的独立性、创造性等。笔者综合吸收借鉴四种人性假设理论，提出对本研究的启示。

二、教师专业化理论

(一) 职业与专业的核心概念

1. 职业的定义

第一次工业革命使工厂制代替了手工工场，促进了生产力的快速发展。第二次工业革命使得新兴行业、新的职业不断出现。法国著名社会学家涂尔干于1893 年完成的博士论文《社会分工论》，研究社会分工和职业问题。职业是指参与社会分工，利用专门的知识和技能，为社会创造物质财富和精神财富，获取合理报酬以满足物质生活、精神生活需求的工作。社会分工是职业分类的依据。

职业的产生和发展是人类文明进步的标志，是社会劳动分工发展的必然产物。《中华人民共和国职业分类大典》(2022 年版)中将我国职业归为 8 个大类、79 个中类、449 个小类、1 636 个细类(职业)。

2. 专业的定义

“专业”(profession)一词最早是从拉丁语演化而来，原意为公开地表达自己的观点或信仰，与之相对的是“行业”(trade)，饱含着中世纪手工行会所保留的对其行业的专门知识和技能只能传授给本门派人的神秘色彩。《现代汉语词典》(第七版)中关于“专业”的解释是：①高等学校的一个系里或中等专业学校里，根据科学分工或生产部门的分工把学业分成的门类；②产业部门中根据产品生产的不同过程而分成的各业务部门；③专门从事某种工作或职业的；④具有专业水平和知识。

凯尔·桑德斯(A. M. Carr-Saunders)认为，专业是指一群人在从事一种需要专门技术之职业，这种职业需要特殊的智力来培养和完成，其目的在于提供专门性的社会服务。① 薛天祥教授认为，对于专业，可从两个维度进行深刻剖析。其一，从广义层面审视，专业意指某一知识领域的专门化，即该领域知识已达到相对成熟与系统的状态；其二，将专业置于人才培养的语境下便具备了特指含义，此时专业不仅是一个理论概念，更成为实践中的基本单位，负责实施人才培养的具体任务。② 这一实体的构建，根植于学科分类的严谨逻辑与社会分工的现实需求，其核心使命在于围绕高深专门知识，开展系统化、结构化的教学活动。在此框架下，高深知识并非无序堆砌的碎片，而是遵循特定目标精心组织的知识体系。它紧密依托学科体系，与职业实践相辅相成，共同构成了专业领域内高深知识的专门化范畴。因此，专业作为教学与学习的基本组织形式，其根本职能便是基于学科分类，对这类高深专门知识进行系统化传授与深入探索。

3. 职业与专业关系的多维分析

职业与专业既有区别又有联系。第一，一个专门的职业具备重要的社会功能，是社会整体发展所必需的。如果在社会系统中，专业所提供的服务水平比较低，社会功能可能无法正常运行，如医生、律师等专业。第二，一个专门的职业一定是基于完整的专业理论以及完善的专业技能，而这是将一种职业被认可为专业的前提与基础。专业从业人员只有经过长期系统的训练及实践，才能掌握专业理论知识及操作技能，从而胜任这份职业。第三，专门的职业一定具有高度的

---

① 教育部师范教育司. 教师专业化的理论与实践[M]. 北京：人民教育出版社，2001：13.

② 薛天祥. 高等教育学[M]. 桂林：广西师范大学出版社，2001：26-27.

权威性与排他性，非专业领域的职业人员是无法从事此项工作的。

（二）教师专业化的定义

1. 对教师专业化的认识

世界各国都在不断的教育实践中探索教师专业化发展，并对其进行理论研究和实践总结，讨论教师这个职业是否等同于医生、律师等专业。1681 年，法国创办了世界上第一所教师培训机构，开创了教师职业专业发展的先河。高等师范教育也成为许多国家大学教育的重要组成部分。1966 年，联合国教科文组织和国际劳工组织首次以官方文件形式对教师的职业作出明确界定，把教育工作也视为一种专门的职业，因为教师必须经过长期严格、系统的学习和训练，同时要及时更新自己的理论知识和技术，才能成为一名优秀的教师。

1966 年，联合国教科文组织召开第 45 届国际教育大会，提出要将教师职业专业化，再次确认了教师职业的专业地位，将教师的专业发展作为提高教师质量水平的重要策略。目前，各国都高度重视教育事业，而教育改革的关键在教师，只有不断地提高教师的专业水平，才能构建高质量的教育体系，因此，教师的专业化发展逐渐成为各国教师教育的重心。近年来，随着信息技术、数字技术、人工智能等领域的全面发展，不断提高教师的专业化水平，成为世界各国的共识。

2. 教师专业化的内涵

教师的专业化包括教师个体专业水平的提升及群体专业地位的提升。个体的专业发展就是一名教师在其职业生涯发展过程中，依托其组织制定专业发展目标、发展规划，通过具体的专业训练，从而提升自己的专业知识和操作技能，最终实现专业自主发展、表现出良好的师德、提升教育教学能力，从而成为一名优秀的教育工作者的专业发展过程。

“师者，所以传道授业解惑也。”教师不仅要传授知识，更要启迪学生的思想，引导学生形成良好的道德品质和思维习惯，帮助学生树立正确的价值观，培养良好的情感意志。教师不仅要知道向学生传授什么知识，更要知道如何将这些知识传授给学生，因此教师要了解不同学生的个性特点、思维习惯、成长规律，并遵循社会发展规律、学生发展规律，更新教学内容，采用个性化的、新的教学方法、技术、手段等。

对于高职院校的教师来说，其不仅要传授相关专业理论知识，更要将实习实训等操作技能传授给学生。一名专业化的高职院校教师应具备三种专业素质，即良好的师德、系统科学的专业知识结构，以及经过长期训练的娴熟的专业技能和良好的教学能力。

（三）“双师型”教师专业化的影响因素

“双师型”教师承担着教书育人的职责。其应既能从事理论课教学，又能从事实践课教学；既具有教育教学理论知识和专业技能，又具有教学研究和课程开发的能力。

1. “双师型”教师专业化的社会因素

第一，完善的保障机制是“双师型”教师专业化的物质基础。教师的社会地位不高（特别是职教教师）是世界各国普遍认可的现状，导致职业院校难以留住高质量的教师，影响了教师队伍的稳定性。因此，国际教育组织不断呼吁要解决教师工资待遇问题，以及提高教师社会地位。《职教师资 12 条》中提出要全面落实和依法保障教师的管理学生权、报酬待遇权，使得教师待遇和保障机制更加完善。

第二，教师所在专业组织是“双师型”教师专业化的团队支撑。教师所在专业组织指教师与其他相近专业的教育工作者组成的具有专业性、服务性、互利性的组织群体。这个组织负责内部教师的专业成长，保护教师权益，为教师的专业权利、专业自主权等争取合法保障与权益。

第三，教师资格证书是“双师型”教师专业化的能力证明。随着教师职业专业化要求越来越高，世界上许多国家都建立了多层次的教师资格证书制度。我国于 1993 年 10 月通过的《中华人民共和国教师法》规定，“教师是履行教育教学职责的专业人员”，第一次从法律角度确认了教师的专业地位。要提高“双师型”教师的专业技能，必须从经济、团队、能力、保障等社会背景因素出发，完善相关配套政策，共同推动“双师型”教师的专业化发展。

2. “双师型”教师专业化的教育因素

第一，课程体系构建能力是“双师型”教师专业化表征之一。职业院校的理论教学分为文化基础、专业基础和专业课，三者之间既有密切的联系，又有不同的教学目标。这就要求职教教师具备一定的科学文化知识、系统的学科专业知识及扎实的教育教学理论知识，还要具备将理论课程与实践课程整合的能力。在课程体系构建上，教师要为学生打造既能满足目前需要，又在未来有一定发展空间的知识平台，使学生毕业后能够尽快上岗。

第二，良好的专业更新能力也是“双师型”教师的专业化表征之一。随着企业技术不断更新迭代升级，职教教师的实践技能也要不断地更新与发展。要创造条件，尽力使学生的“学”处于真实的生产管理实践场景中。教师要学会使用人工智能、虚拟现实等新技术、新手段、新方法来帮助学生营造贴合实际工作场景的环境，以更好地培养他们的实践能力。

3. “双师型”教师专业化的自身因素

第一，反思性教学是“双师型”教师专业化的基本保障。反思性教学就是教师借助行动研究解决自身的问题，将学会教学与学会学习结合起来，提高自己的教育理论水平和实践能力。反思性教学非常重要，教师通过研究自己在教学方面存在的问题，意识到教学行为的不足、原因以及产生的影响。实践反思性教学的教师，会更快地提升专业水平及教学水平，实现专业成长。

第二，终身学习是“双师型”教师专业化的未来保障。教师是一个需要不断学习的职业，要通过不断更新自己的知识结构和提高教育教学能力来保证教学质量。职业教育与经济社会发展的关系异常密切，“双师型”教师要不断根据职业的发展状况调整教学内容、更新教学方法、升级教学手段，学习最新的产业、科技前沿知识，并将这些理论实践成果反哺到教学实践过程中，提高课堂对学生的吸引力，切实有效地提升技术技能人才的培养质量，为新质生产力发展输送高质量的应用型人才。受访者也表示终身学习的能力对于高职院校“双师型”教师来说非常重要。“双师型”教师具备了终身学习的能力，同时也会影响到学生，让学生能够积极、主动地学习，不会被社会所淘汰。谁也无法预知未来，因此，终身学习的能力很重要(J04-15-20240928)。终身学习的能力是影响“双师型”教师成长的关键因素之一，一旦进入舒适期很快就会被时代抛弃，对个人来说就要不断学习(J08-16-20241024)。

三、职业生涯管理理论

(一)职业生涯管理的相关特征

1. 职业生涯管理具有目标导向性

职业生涯管理是一个组织为员工设计的有助于其未来发展的职业计划，与员工自身制订的发展计划有所区别。个人职业发展计划是为了实现个体的价值及增值，但不局限于组织内部；而职业生涯管理是从单位组织的视角出发，通过制定目标激发员工自我努力，最终实现组织的可持续发展。

职业生涯管理具有全局性、引导性以及一定的功利性。组织鼓励员工将职业目标和组织目标联系起来，通常由组织的人力资源管理部门负责，具有较强的目标性、计划性、专业性和系统性。而个人的职业计划有时缺乏一定的规范性与科学性。

2. 职业生涯管理制度具有科学系统性

职业生涯管理形式既包括对员工开展的培训、咨询、讲座等，也包括组织制定的相关人事制度政策等，如建立有效的内部晋升制度、职业评审制度等。自员工进入组织，人事管理部门就应与员工一起制定职业生涯规划，使他们明确阶段性目标及计划，并为之努力，因此要建立一套系统规范、科学有效的职业生涯管理制度。

3. 职业生涯管理实现组织赋能和个体成长的双向驱动

组织的人力资源管理部门实施科学有效，又能激励个人实现职业发展的计划，特别是帮助个人解决在实现职业目标过程中遇到的困难，为员工制订可实现的阶段性发展计划，采用专业、科学的力量帮助员工了解每个阶段的主要目标及矛盾困难，提升组织整体效益。同时，员工自身能力的突出也会进一步带动、提升组织内部其他员工的职业能力。因此，提高组织内部个人的职业能力和整体效益是组织可持续发展的重要保证，要投入大量的人力物力以及给予相配套的政策支持。

（二）职业生涯管理的相关理论

1. 职业兴趣理论

职业兴趣理论是由美国著名的职业指导专家约翰·霍兰德(John Holland)提出的。他认为人的一生中面临许多选择，职业方面的选择是重要内容之一。一个人的职业兴趣会影响职业的适配度，当他所从事的职业与兴趣相吻合时，就可能发挥出最佳水平，反之则难以大有发展。

(1) 职业兴趣理论主要内容

霍兰德职业兴趣理论的核心在于四个假设。第一，人的职业兴趣可以分为现实型(realistic，R)、研究型(investigative，I)、社会型(social，S)、常规型(conventional，C)、企业型(enterprising，E)、艺术型(artistic，A)等。每一种特定人格类型的人，会对一定职业类型中的活动感兴趣。第二，职业环境也可以分为六种类型，每种职业环境会为同一种性格类型的人所适应。第三，人们倾向于寻找能够充分发挥自己能力、实现自身价值的职业环境。第四，个人的职业行为是由其人格以及所处的职业环境所决定的。①

(2) 职业兴趣理论在职业生涯规划中的应用

在职业生涯规划的学术探讨中，职业兴趣理论被广泛应用于指导个体选择

---

① 范崇源，姚旭东，杨梅. 大学生职业发展规划：理论与实训[M]. 天津：天津科学技术出版社，2023：29.

与其内在兴趣类型相契合的职业环境，旨在最大化地激发并发挥个人的潜能与优势。然而，在职业选择的复杂决策过程中，个体并非绝对受限于其兴趣范畴的严格对应，因人类兴趣具有多元性与广泛性，鲜有单一兴趣呈显著、主导的情况。此外，职业选择还受到多重外部因素的影响，包括国家层面的政策导向、社会职业需求的动态变化，以及个人实现职业目标的现实条件等，这些因素共同构成了职业选择的综合考量框架。

值得注意的是，个体若置身于与其兴趣大相径庭的职业环境中，可能会遭遇适应困难，难以在工作中体验到愉悦感与成就感，进而影响其职业满意度与长期发展的动力。同时，职业兴趣作为个体心理特征的一部分，虽具有一定的稳定性，但在职业生涯的漫长历程中，亦非绝对静止不变，而是可能随着个人经历、学习成长及外部环境的变化而有所调整与演变。

将职业兴趣理论具体应用于教师职业生涯规划的情境中，其核心在于强调个体对教师职业的自主选择与认同。一旦选定教师作为职业道路，鉴于该职业的特殊性及职业转换的相对较高门槛，多数从业者将在其职业生涯中保持相对稳定的职业定位，较少发生向其他职业的显著转变。这一现象进一步凸显了职业兴趣理论在教师职业生涯规划中的指导价值与现实意义。

2. 职业生涯发展的阶段性理论

在职业生涯发展理论的框架下，美国麻省理工学院斯隆管理学院教授、著名的职业生涯管理学家施恩(E. H. Schein)依据个体在生命周期中所遭遇的生活挑战与职业使命，将职业生涯细分为九个阶段：成长、幻想、探索阶段，进入工作世界，基础培训，早期职业的正式成员资格，职业中期，职业中期危险阶段，职业后期，衰退和离职阶段，离开组织或职业——退休。[①] 与此相对，美国管理学界的杰出代表萨柏则倾向于一种更为凝练的表达方式，他将职业生涯概括为五个阶段。[②]

首先，职业准备期是职业生涯的启航阶段，标志着个体在形成清晰职业愿景后，进入心理调适、技能储备与就业机会待命的状态。此阶段，每位求职者均怀揣着对理想职业的憧憬，准备充分者往往能更加迅速地锁定目标，平稳过渡到职业角色之中。其次，职业选择期是职业生涯路径实际确立的关键时期，它是个人根据自身条件筛选职业，社会依据需求对劳动者进行筛选的双向互动过程。只有当个人意愿与社会需求达到和谐统一，职业选择方能圆满实现，个体也由此实

---

① 石海云，甘小燕. 大学生职业生涯规划[M]. 北京：首都师范大学出版社，2018：92.

② 闫天杰. 职业生涯与发展规划[M]. 北京：人民军医出版社，2010：30.

现从潜在劳动力向实际劳动者的蜕变。紧接着，职业适应期是初入职场者必经的转型期，涉及从求职者到职业人的角色转换，以及对新环境、新方式、新人际关系的全面适应。这一过程要求个体迅速调整心态，融入职业生态，确保职业生涯的平稳推进。随后，职业稳定期作为职业生涯的黄金时代，见证了个人职业能力的巅峰状态与事业成就的辉煌累积。尽管在快速变化的时代背景下，职业稳定具有相对性，但此阶段仍为个体提供了施展才华、贡献社会的宝贵平台。最后，职业结束期标志着职业生涯的圆满落幕。随着年龄的增长或健康状况的变化，个体的职业活动能力与兴趣逐渐减弱，最终选择退出职场舞台，为职业生涯画上句号。

（三）职业生涯规划的含义

职业生涯规划也称为职业生涯设计，指组织或个人将个人发展和组织发展结合起来，分析影响个人职业生涯发展的个人因素、组织因素、社会因素，从而制定出有利于个人发展和组织发展的战略设计和规划。职业生涯规划不仅对个人发展有重要意义，而且对实现组织目标、挖掘人力资源、积极发挥人力资源对组织目标的能动作用也具有重要作用。

（四）职业生涯规划对“双师型”教师的意义

第一，职业生涯规划帮助教师明确职业方向，助力职业发展。职业生涯规划是教师结合自己的职业前景、职业目标、职业发展阶段以及职业过程中可能会遇到的困难矛盾而制订出的职业阶段发展计划。教师需要理清思路、确定方向，制定科学合理、有效可行的职业生涯规划。职业生涯规划是教师职业发展的目标，引导教师在不同阶段确立主要任务，增强主动性与积极性。

第二，职业生涯规划帮助教师形成科学的专业发展路径。教师在职业生涯中要做到全面、协调、可持续发展，也就是教师的教风、学风、思想政治水平、教育教学能力、科研能力、社会实践、社会服务以及事业家庭等得到全面发展。而协调就是教师的教风与学风、思想政治水平与教育教学水平、家庭与工作等的协调。为了实现这些目标，教师必须制定科学合理的职业生涯规划。

第三，职业生涯规划助力教师突破发展瓶颈。特别是一些有一定工作经验的教师，如果没有关于自己专业发展的清晰的阶段目标，那么其达到一定高度、取得一些成绩后，可能会迎来瓶颈期、迷茫期。因此，有必要对教师的职业生涯进行阶段性划分，并制定每一阶段的主要发展目标。教师掌握制定职业生涯规划的方法，将自己的职业生涯规划置于理性思考中，从而提高职业兴趣、增强信心。

第四，职业生涯规划有利于教师践行终身学习理念，适应新质生产力需求。教师作为教书育人的主体，要在工作中树立终身学习的理念，不断与时俱进，拓展自己的理论知识、专业知识。特别是在新质生产力背景下，“双师型”教师要及时更新自己的知识系统，提升专业实践能力，而这需要一个较长时期的学习规划。

第五，职业生涯规划有利于学校实现构建高水平师资队伍的目标。2023年，首个国家重大行业产教融合共同体暨国家轨道交通装备行业产教融合共同体在江苏常州成立。教育部党组成员、副部长吴岩出席会议并讲话，指出“教改教改，改到痛处是教师”，真正决定质量的是教师。学校的发展一定是建立在高水平师资队伍基础上的，高职院校的“双师型”教师队伍建设是确保职业教育质量的关键。因此，学校应帮助教师制定职业生涯规划，并为每个教师实现自己的职业生涯规划提供帮助与支持。

（五）“双师型”教师职业生涯规划成效的影响因素

“双师型”教师职业生涯规划成效的影响因素包括个人因素、组织因素和社会因素。个人因素主要包括教师个人是否有积极发展的意愿、动力目标，组织因素主要是组织能否为个人发展提供支持性的环境。成功的职业生涯规划需要个人和组织共同努力。

1. 个人和组织在职业生涯规划中所承担的任务

个人在职业生涯规划中所承担的任务主要有：对职业生涯有清晰的自我认知；对自己可能面临的机会进行合理的评估；确定可行的职业生涯发展目标；根据不同阶段的不同目标及侧重点，制定切实可行的发展规划；为实现每一阶段的目标制定具体的策略与方法；根据实现目标的过程进行及时的修正和调整。

组织在职业生涯规划中的主要任务包括：帮助个体进行科学的自我认知；为员工制定职业生涯规划的目标提供帮助；为员工提供切实可行、有针对性的培训；向员工及时提供各种咨询帮助；构建完善的职业生涯规划系统；根据个人职业生涯发展情况及时做出调整。

2. 影响职业生涯规划的因素

(1) 个人因素

个人因素是影响职业生涯规划的首要因素。制定职业生涯规划，首先要清晰地认识自己。在众多个人因素中，教师的认知水平、家庭成员的支持、个人的兴趣爱好等对职业生涯规划有着重要影响。

家庭因素对教师职业生涯规划的影响比较大，具体来说是指家庭成员是否为“双师型”教师的职业生涯发展提供帮助支持，比如是否支持教师参与企业实践活动。有的高职院校规定，专业课教师每 5 年必须累计不少于 6 个月到企业或生产服务一线实践，而近 5 年没有任教专业以及相关工作实践经历的新教师，不具有博士学位的，要在入职 2 年内完成 6 个月的企业实践，具有博士学位的，应在入职的第 3 到第 5 年完成，而教师企业实践的形式以连续脱产 6 个月为主。对于这些参与企业实践的形式，家庭成员能否给予支持。

个人的兴趣爱好、价值观，对于职业生涯规划理论的认识，是否对自己未来的“双师型”专业发展有清晰的规划，以及是否对学校提供的相关职业生涯发展信息、培训予以重视，这些都会影响教师个体职业生涯的发展。教师要提升自己的专业素质，培养学习能力和实践能力，进行职业规划(J02-2-20240915)。

(2) 组织因素

第一，职业院校是否建立了科学、完整、系统的职业生涯管理体系。采用多元化机制与途径激励教师实现自我发展，而不单单采用物质激励方式。教师追求的不仅是物质，更重视实现自己的人生价值，对精神目标有较高的追求。学校应重视激励机制，从根本上发挥激励作用，以吸引、留住高层次人才，帮助教师实现自己的精神目标与精神追求。学校政策要有全面的、有力的支持，通过项目推进、项目驱动的方式，给教师提供情绪价值，使教师有存在感(J01-20-20240830)。

第二，职业院校是否有完整的教师团队建设规划。团队建设仅仅依靠教师个体是无法实现的，特别是双元融合的教师团队，即企业兼职教师与校内专职教师组成的结构合理、专兼结合的高质量“双师型”教师团队，依赖于学校组织构建的科学完善的企业人才引进机制、柔性互聘互岗机制。从组织方面来看，学校是否建立了完善的“双师型”教师培训体系对我影响很大。包括培训内容、培训方式、培训频率等方面的安排，如果培训体系不完善，我很难获得系统的提升机会。学校激励机制的有效性也不容忽视。比如职称评定、薪资待遇、表彰奖励等方面是否与“双师型”教师的培养和认定挂钩，如果挂钩不紧密或缺乏激励作用，教师参与“双师型”教师培养的积极性就会受到影响(J06-1-20241009)。

(3) 社会因素

国家政策是否对企业具有较强的吸引力，是否对职业院校引进技术技能人才、大国工匠、能工巧匠给予政策支持，是否对企业接纳高职院校教师到企业实践予以税收减免等优惠政策，这些都会影响“双师型”教师职业生涯规划的发展。政府要制定具体的、科学合理的措施来保障高职院校“双师型”教师的合法权益。

政府应为高职院校和企业牵线搭桥，让企业愿意接收教师，目前有些企业是因私人关系才接收教师到企业实践的，有些企业认为教师去捣乱，啥也干不了。政府要给企业一些自主权，并在某些方面给企业一些优惠，多些认可、表彰(J01-20-20240830)。一位高职院校人事管理部门的工作人员表示社会对高职教育和“双师型”教师的地位与价值认识不足，缺乏足够的支持和关注。高水平企业人才难以引进，导致专业师资队伍“偏学历化”现象普遍(M02-2-20241026)。

四、对高职院校“双师型”教师研究的启示

1. 推动高职院校“双师型”教师管理的人文化

在中国 5 000 年的历史文化中，人文管理思想一直存在。例如，《孟子》曰：“劳心者治人，劳力者治于人。”《大学》中记载：“自天子以至于庶人，壹是皆以修身为本。”中国传统文化思想主张“己所不欲，勿施于人”，这也是人文管理的思想。中国文化在人和物的关系上主张“君子爱财，取之有道”。通过学习国内外人性理论，笔者得出以下启示：第一，把高职院校“双师型”教师看作具有独立性、主动性的个体，强调人的作用。第二，关注“双师型”教师的社会关系。每个人并不是一个独立的个体，而是与周围的人时刻发生联系，因此不仅要关注教师本身，也要关注其家庭关系、社会关系等。第三，关注“双师型”教师的成长，应将教师个人的成长与高职院校发展目标的实现结合起来。把教师作为一个整体的人去解读，了解人的需求，用不同的方式激励、调动人的积极性，实现个人与组织的协同发展。

从本质上说，管理者要对教师会关心、能尊重、懂培养、促发展，最终达成就。在教师管理中既要看到成果，更要看到获得成果的人。要关注教师的家庭关系和社会关系，因为家庭关系、社会关系也是影响教师专业成长的原因。因此，管理者要引导教师树立目标，将教师的自我实现与高职院校发展目标的实现结合起来，激发教师的创新活力，营造自主成长的良好氛围，构建科学合理的“双师型”教师培养体系。

2. 构建多元人才成长机制

高职院校人事管理者要关注教师的心理需要，基于其发展需要，尊重教师的个人需求，提升其个性品质，充分发挥教师的主观能动性。高职院校应根据不同教师的特点构建多层次、多维度的个性化成长机制，而不是采用“一刀切”的机械化管理手段，束缚教师的自我成长。教师专业发展不同于一般的管理任务，要激发教师的自我成长主动性，形成有利于优秀人才脱颖而出、人尽其才的良好机制，为人才成长和发挥作用创造良好的发展环境与资源条件，将教师的自我发展

目标与高职院校教师队伍建设整体发展目标协同整合。

3. 推动高职院校“双师型”教师自我反思与终身学习

教师的专业发展最终会由外在的发展走向自我更新发展，即内在的自我实现发展，这是教师专业成长的根本之路。这种自我实现包括自我审视、自我反思、自我学习、自我超越等，它需要教师平时的积累和完善，是教师在个人教育经验、教育实践知识基础上进行的自我完善等改变活动。拥有了强烈的自我意识和自我发展意识，“双师型”教师会更加自觉地采取相应的促进自我发展的手段和措施，从而实现不断超越自我、提升自我价值、获得专业满足感、逐步接近自由意志境地的人生目标。我认为教师首先必须有自我觉悟、自我突破的意识，这是“双师型”教师成长的核心和关键(J01-20-20240830)。教师要有内生动力，要有自我提升的意识。应多维度地激励教师提升自我(J03-20-20240920)。对于我个人来说，自我提升意愿是一个非常关键的因素。如果没有强烈的意愿去提升自己的行业实践能力和教学水平，就很难成为一名“双师型”教师。只有自己主动地去学习、去探索，才有可能在实践和教学方面取得实质性的进展(J06-1-20241009)。

第三章

高职院校“双师型”教师培养体系循证研究

自20世纪90年代以来，循证研究（evidence-based research）被运用在各种实践和行业中，尤其是在医学和护理领域。该方法主要关注可靠、可验证和高质量的可以用作“证据”的研究，帮助专业人士或政府决策作出准确、基于事实的判断。强调研究应建立在可获取的最佳科学证据之上，而不是建立在直觉、习惯、主观的未经证实的观点等基础上。循证研究借鉴了学术探索和研究的基本原则，通常是基于生产和增强的经验方法知识，这种方法是基于事实的，可以通过分析观察和记录在案的有根据的经验而获得。

本章对高职院校“双师型”教师培养现状进行了基于访谈调查的循证研究，深入了解当前高职院校“双师型”教师培养存在的困境，为后续分析原因及提出有针对性的对策建议打下实践基础。

第一节　高职院校“双师型”教师培养体系的访谈提纲设计

本研究选取高职院校“双师型”教师、学生、企业兼职教师以及高职院校和企业人事管理部门工作人员进行深度访谈，以有效把握当前高职院校“双师型”教师培养的现状和趋势，探究高职院校“双师型”教师培养存在的不足及深层原因。

一、访谈设计思路

访谈调查的研究设计，首先基于文献调查法设计访谈提纲，再对收集的资料进行分析。设计访谈应该有预访谈，通过反馈来完善访谈提纲。访谈时要注意合乎法律和道德，因为我们的访谈对象是人，要保护受访者的隐私，一旦涉及受访者的隐私，不便公开的个人信息便不能公开。研究者要尊重受访者的隐私权，恪守科学道德，遵守科学精神，不能利用不正当的手段来窃取受访者的信息。

第一，本研究收集高职院校“双师型”教师培养相关的研究文献，收集与本研究主题相关的因素；第二，笔者通过开放式访谈与高职院校“双师型”教师培养管理部门工作人员、教师及企业人员进行沟通交流，形成部分访谈选项；第三，在完成最初访谈提纲后，邀请具体从事高职院校“双师型”教师培养管理的工作人员、高职院校教师以及企业人员对访谈提纲的内容、方式及可理解程度进行分析，之后形成了面向人事管理部门人员、新入职教师、骨干教师、企业兼职教师等对象（各12个问题）的访谈提纲；第四，开展预访谈，挑选几位高职院校“双师型”教师进行访谈，对访谈的提纲进行修改；第五，最终形成面向人事管理部门人员（11个问题）、骨干教师（9个问题）、新入职教师（12个问题）、企业人员（6个问题）以及学生（3个问题）的访谈提纲。

二、访谈主要内容

高职院校“双师型”教师培养的重要性，以及对于学校教育教学、实习实训、人才培养的价值和作用有哪些？

高职院校“双师型”教师的能力要求与标准，当前新质生产力对“双师型”教师提出了哪些新要求？

高职院校“双师型”教师培养的影响因素有哪些？

学校、政府应为高职院校“双师型”教师的成长提供哪些支持政策？

当前高职院校“双师型”教师培养中最大的困难与阻碍是什么？新教师/骨干教师在“老带新”中各自承担怎样的角色与任务？

想要成为一名高水平的“双师型”教师，应该如何规划自己的职业生涯，当前最需要做什么？

目前所在学院聘任的企业兼职教师/产业教授在学校教育教学、实习实训、产教融合工作中承担任务、发挥作用如何？

当前高职院校“双师型”兼职教师培养最大的障碍是什么？

第二节　高职院校“双师型”教师培养体系的访谈实施过程

质的研究是将研究者作为研究工具，采用多种资料收集方法，描述、解释、理解研究对象行为和意义建构的一种活动。[①] 深度访谈、半结构性访谈都被视为质性访谈。深度访谈是研究者与被访谈对象以非正式的风格围绕某个主题话题展开的对话。深度访谈一般采用问答的形式，通常提问者处于主导地位，应答者被期待作出信息表达，可以采用他们喜欢的表达方式。

任何收集资料的方法都有其优点和局限性，深度访谈也不例外。深度访谈的优点是可以深入剖析被访谈对象的社会理解及其情境行为动机，特别是

① 陈向明.质的研究方法与社会科学研究[M].北京：教育科学出版社，2000：12.

能帮助访谈者在短时间内获取尽可能丰富的信息，且有助于访谈者捕捉到语言符号以外的信息，如语气、肢体语言等，而这些是通过问卷等方式无法收集到的。但深度访谈也有局限性，比如访谈资料的真实性有待验证，访谈对象具有局限性，随机抽样不可能做到完美，耗费的时间和精力也比较多，一名访谈人员预计要花费半小时左右，访谈的初步文本每人预计在一万字左右，整理的工作量相当大。

访谈可以面对面，也可以采用电话或网络形式。网络访谈相比面对面访谈虽然有一些不足，例如不易拉近访谈者与访谈对象的情感距离，但也有优点，如不用安排专门的访谈地点，由此节省的时间可以增加访谈对象的数量，且有利于避免受访者产生紧张、焦虑情绪，同时有利于研究者和受访者的人身安全。网络访谈还可以使访谈对象以更加专注的态度来面对访谈者的提问。

本研究主要采用主题分析法来对访谈资料进行数据分析，并保证访谈结束及时整理第一手访谈资料，主要过程有：第一，对访谈文本资料进行分析；第二，浏览文本资料，进行初步梳理；第三，主题识别，阅读质性访谈资料，识别文本中呈现出来的“双师型”教师培养中遇到的困难、体验；第四，对各主题下的内容进行进一步分析，剔除与本研究主题不相关的信息。整理资料时要注意以下几点：第一，考虑本研究核心问题的基本数据，关注资料中出现的重复性强的信息；第二，关注访谈资料中互相矛盾的地方；第三，关注有待进一步考证的内容。为了保证研究的信度，研究者应尽可能保证转入的准确性。本研究使用讯飞录音笔，可以即时将语音转为文本。研究者采用三角互证的方式来进行验证。

一、个案的选择

个案抽样分为随机抽样和非随机抽样。质性研究一般采用非随机抽样（目的性抽样），本研究选取有代表性的个案作为研究对象。高职院校“双师型”教师的选择要考虑年龄、职称、专业、入职年限、性别、行政职务等。

首先，职称是高职院校“双师型”教师选择要考虑的首要因素，因为不同职称教师的教育教学经历、实践经历、所面临的困惑和压力有所不同。据此，本研究选择未定级教师、讲师、副高、正高等具有不同职称的教师。

其次，入职时间。研究表明，教师的专业成长过程一般分为五个阶段：第一阶段（0～4 年）为新入职期，教师对工作持有非常积极的态度；第二阶段（5～16 年）为发展期，教师对工作的认同感随其工作经验的积累而更加强烈；第三阶段（17～21 年）为重新评估期，教师一般已经积累了比较丰富的工作经验，会对自己的能力进行重新评估;第四阶段(22～30 年)是稳定期,教师对自己的工作能力逐步形成了稳定的认识;第五阶段为保守期,教师工作的积极性有所下降,为退休做准备。因此,本研究选择具有不同工作年限的教师,可以反映出其不同的关注点。

最后,是否担任行政职务对于“双师型”教师的成长也有影响。通过访谈,了解不同职级、层级的教师在“双师型”教师培养过程中面临的困难是否类似。

基于上述考虑,研究者在 2024 年 8 月至 10 月间对最终选取的 10 名教师、3 名人事管理部门人员、2 名学生、3 名企业代表进行了深度访谈。其中,教师职称情况为:3 名正高、6 名副高、1 名中级职称。具体来说,新入职教师(0～4 年)3 人,发展期(5～16 年)3 人,重新评估期(17～21 年)3 人,稳定期(22～30 年)1 人。高职院校教师职务情况为:正处级行政职务 2 人,副处级行政职务 5 人,无行政职务 6 人。

为了遵循科研伦理,维护受访者的权益,研究者对受访者信息做代码处理:高职院校“双师型”教师用“J＋序号＋工作年限＋受访时间”来表示;人事管理部门工作人员用“M＋序号＋人事管理工作年限＋受访时间”来表示;企业工作人员用“Q＋序号＋工作年限＋受访时间”来表示;学生用“S＋序号＋入学时间＋受访时间”来表示。涉访人员信息如表 3-1 所示。

二、资料的收集

深度访谈是质性研究主要的资料收集方式,通过访谈可以了解受访者感知事物、情境定义以及现实建构的深层次原因。一般分为结构式访谈、半结构式访谈和无结构式访谈。结构式访谈是使用一份预先设计好的问题清单(结构式问题),对受访者进行有组织、系统性地提问,适用于需要标准化和系统性研究的主题,是一种对访谈过程高度控制的访问。半结构式访谈由于有一定的结构和提纲,可以帮助研究主体聚焦于研究问题,同时研究者还可以根据访谈对象的情况进行调整和深入。无结构式访谈就是在研究领域上没有任何的分类,从而对人类的复杂行为作出理解。因此,以个人为单位、面对面的半结构式访谈是本研究的主要访谈方法。由于时空所限,本研究除了采用面对面的半结构式访谈方式,还采用了线上网络视频的访谈方法。研究者在文献研究的基础上,拟定好一份访谈提纲并事先发给访谈对象。在访谈过程中,研究者根据访谈的具体情况对访谈内容做灵活调整,即时捕捉对话中涌现的生成性契机,并将其有机整合到研究访谈的问题中。

表 3-1　受访人员信息一览表

序号	受访教师代码	所属单位系统	工作年限	性别	任教/所学专业	职称	职务	学历/学位	访谈方式	访谈时长	原始访谈文本字数
1	J01-20-20240830	高职院校	20	女	数控技术	教授	副院长	本科/硕士	面谈	43 分钟	14 009
2	J02-2-20240915	高职院校	2	女	通信技术	助教		研究生/硕士	面谈	32 分钟	9 053
3	J03-20-20240920	高职院校	20	女	艺术学	副教授	副院长	本科/硕士	面谈	33 分钟	9 728
4	J04-15-20240928	高职院校	15	女	财经商贸	副教授	副处长	研究生/硕士	腾讯会议	34 分钟	8 666
5	J05-18-20240930	高职院校	18	男	通信技术	教授		研究生/硕士	书面访谈	—	2 977
6	J06-1-20241009	高职院校	1	男	机械工程	助教		研究生/硕士	书面访谈	—	7 293
7	J07-2-20241020	高职院校	2	男	智能控制技术	助教		研究生/硕士		37 分钟	2 490
8	J08-16-20241024	高职院校	16	男	教育领导与管理	副研究员		研究生/博士		35 分钟	8 449
9	J09-13-20241027	高职院校	13	男	汽车检测与维修技术	副教授	副院长	研究生/硕士（博士在读）	面谈	47 分钟	12 335
10	J10-28-20241022	高职院校	28	男	软件技术	教授	院长	研究生/硕士	面谈	45 分钟	12 232
11	M01-1-20241011	高职院校	1	男	—	副教授	人事处处长	研究生/硕士	书面访谈	—	1 432
12	M02-2-20241026	高职院校	2	女	—	助理研究员		研究生/硕士	书面访谈	—	3 209
13	M03-2-20241026	高职院校	2	男	—	副教授	人事处副处长	研究生/硕士	面谈	35 分钟	9 775
14	S01-2-20241010	高职院校	2	女	大数据与会计	—		大专	面谈	32 分钟	4 116

续表

序号	受访教师代码	所属单位系统	工作年限	性别	任教/所学专业	职称	职务	学历/学位	访谈方式	访谈时长	原始访谈文本字数
15	S02-2-20241022	高职院校	2	男	机械制造自动化	—		大专	面谈	23 分钟	1 554
16	Q01-25-20241028	央企	25	男		特级技师	—		腾讯会议	67 分钟	17 101
17	Q02-10-20241029	中型企业	10	女	—	—	人事经理	大专	书面访谈		2 025
18	Q03-17-20241030	中型企业	17	女	—	—	人事经理	本科	腾讯会议	35 分钟	3 211

研究主体会向访谈对象说明访谈的目的，并承诺做好保密工作，在征得访谈对象同意后开始访谈。一般先了解访谈对象的“双师型”工作经历，包括是否喜欢做教师等，使受访者放下戒备之心。受访教师只有消除了顾虑，才能开诚布公地与访谈者交流，表达观点。访谈中可能会涉及受访者不太熟悉的概念，如新质生产力等，研究主体可以事先与受访者做好沟通或在访谈过程中给予解释。

在访谈中要求教师描述在“双师型”教师成长过程中遇到的具体困难和困惑时，研究者需要准备一些案例便于教师理解，可以提前将访谈提纲发予受访者，并提前约定好访谈时间与方式，以便受访者提前了解访谈内容，提高访谈效率。访谈时间宜控制在半小时左右，并在受访者同意的前提下录音。

三、访谈资料分析

质性研究的资料分析需要采用科学的方法与步骤。研究者应将资料分成易于处理的单位，并多次阅读、分析。

本研究的资料分析对象主要是访谈材料，累计访谈时长近 10 小时，人均半小时左右。初步分析访谈资料累计近 13 万字，整理后的访谈文本 7 万余字。首先，研究者将访谈录音转化为文字并进行初步的反思性阅读。研究者使用的是讯飞录音笔，可以即时地将受访者的录音直接转化为文字，并在录音当天进行反思小结。研究者对高职院校“双师型”教师培养存在的困难进行初步整理和分类。然后对原始资料进行第二阶段的阅读，关注教师所描述的现状与困境，对与本研究无关的信息要素进行剔除。对于教师所描述的存在的问题进行认真阅读和细致分析，并在此基础上按照一定的维度进行分类。接着进行第三次阅读，根据不同的理论视角，对教师提出的“双师型”教师培养、管理过程中存在的问题进行分类，聚焦影响教师成长的各种因素，并对其进行总结和分类。最后对原始资料进行第四次阅读，提取相关概念，进一步从总体上把握资料，以确保对资料理解和分析的全面准确。

四、研究的可靠性

为保证研究价值、研究过程和研究结论的可靠性，本研究运用以下策略：

首先，运用多角度相互验证的方法，研究者将通过文献、访谈、观察等多种途径获得的资料进行对照比较，在同一问题上互相佐证，以确保对研究对象的了解全面准确。

其次，研究者选取了高职院校不同专业的教师作为研究对象，他们在学科背景、文化素养等方面都存在差异，这种差异有助于研究者从多方面了解、解释真实情况。此外,通过对多名新入职教师、骨干教师、人事管理部门领导及工作人员、企业人员以及学生进行访谈,可以倾听不同角度对同一事件意义的诠释,并将其进行对比,从而排除影响可靠性的因素。

再次,研究者保证研究的中立,事先不对研究对象和研究资料进行主观判断和臆测,避免由于研究者的错误理解导致研究结论出现偏差,始终保持清醒的自我反思,反思研究过程和研究方法。

然后,研究文本尽量以受访者的原话来呈现,而减少转述,以确保受访者的观点真实、准确地表达出来。

最后,本次针对高校人文社科项目管理有效性的深度访谈形成有效文本资料 18 份,从中随机抽取 16 份用于分析,剩下的 2 份文本资料用于理论饱和度检验分析,未发现有新的观点和现象出现,达到理论饱和,即停止访谈。

五、研究伦理

本研究遵循以下原则:

第一,保障研究对象的合法权益无伤害。访谈以不妨碍访谈对象的工作为前提,保障他们的合法权益不受到损害。

第二,自愿原则。访谈是在受访者自愿、同意的前提下进行的。

第三,保密原则。研究者对受访者的信息做代码处理,保证受访者的个人信息不被泄露。

第三节　新质生产力背景下“双师型”教师的能力要素

新质生产力背景下,技术技能人才向“软”发展,升级为新质技术技能人才。新质技术技能人才是新质生产力之所以“新”的重要体现,他们不同于以简单劳动为主体的普通技术工人,而是能够充分利用现代技术、适应现代高端先进设备、具有知识快速迭代能力的新型人才。从社会发展以及科学技术发展来看,新质生产力要求劳动者不仅具有生产能力,更要具有综合利用各种生产要素、不断更新自我的能力。同时,劳动者不仅要有扎实的理论基础,还要有娴熟的操作技能,并且具备终身学习的能力。

因此,高职院校“双师型”教师的能力要素要根据经济社会发展变化对技术技能人才的新要求进行升级更新,才能为新质生产力发展培养高素质技术技能人才。

一、构建“双师型”教师能力要素框架的方法解析

《教育部办公厅关于做好职业教育“双师型”教师认定工作的通知》中公布了《职业教育“双师型”教师基本标准(试行)》,其中明确“双师型”教师要有较扎实的专业知识和技能,教学经验丰富、具有良好的开展教育教学研究的能力,以及一定的企业相关工作经历或实践经验等。也就是说,是否是“双师型”教师,要看以下三个方面:第一,对本专业的基础理论知识和操作技能是否了解和熟悉;第二,在教育教学方面能否发挥示范引领作用并取得显著成果;第三,能否熟练掌握本专业工作过程或技术流程,有相关的国家职业资格证书。目前,“双师型”教师的认定已经具备了较为清晰的标准与流程。

教育部标准整体具有很强的合理性,兼顾了各种因素(J01-20-20240830)。

强调师德为第一标准,且重视企业实践经验。以前的教师可能每天就是上课,没有跟行业接触,觉得自己将上课的内容上了就行。至于目前社会发展到什么程度,他可能不管(J03-20-20240920)。

明确师德为先:标准中明确提出教师需具有良好的思想政治素质和师德素养,这是保证职业教育质量、培养高素质技能人才的前提。体现产教融合:标准要求教师具备理论教学和实践教学能力,同时强调产教融合、校企合作,这有助于培养既懂理论又懂实践的“双师型”教师。强调企业实践经历:标准要求教师具有企业相关工作经历或积极深入企业和生产服务一线进行岗位实践,这有助于教师了解产业发展、行业需求和职业岗位变化,及时将新技术、新工艺、新规范融入教学。设置分层标准:标准针对不同层级的教师(初级、中级、高级)设置了不同的要求,这有助于教师在职业生涯发展过程中明确个人成长的基本路径,规划自我发展(J03-20-20240920)。

首先,它给我们这些高职院校的教师指明了方向,让我们清楚地知道要成为一名“双师型”教师需要在哪些方面达到基本的要求,这对于规范整个“双师型”教师队伍的建设是非常有帮助的。而且,这个标准考虑得很全面,涵盖了师德师风、教育教学能力以及行业实践能力等方面,意味着不只看重某一个方面,而是综合衡量其是否是一名合格的“双师型”教师。这样的评价方式我觉得挺科学的(M02-2-20241026)。

各省份都开展了职业教育“双师型”教师的认定工作,例如江苏省发布了《江苏省职业教育“双师型”教师标准(试行)》,积极推动各校开展“双师型”教师认定工作。

就我目前所了解的情况来看,高职院校教师参与“双师型”教师认定的积极

性是不同的。我本人是非常希望能够获得“双师型”教师认定的，因为我深知这不仅对我的职业发展有很大的帮助，比如在职称评定、薪资待遇等方面可能会有更多的优势，而且还能督促自己不断提升实践能力和教学水平，以更好地适应高职教育的发展。但是，也有一部分教师积极性不高。我觉得可能是因为他们日常的教学任务太繁重了，忙完教学工作就已经精疲力竭，根本没有多余的时间和精力去准备认定所需要的材料，也没办法抽出时间去参加相关的培训。还有些教师可能对行业实践了解不够，觉得要达到认定的标准难度挺大的，心里就有了畏难情绪。另外，我还发现有些学校对于“双师型”教师认定后的激励机制不是很完善，就算教师拿到了认定，也没有得到什么实质性的好处。这也在一定程度上影响了大家的积极性(J06-1-20241009)。

教师参加“双师型”教师认定的积极性相对来说比较高，最后会有官方的证书，实际上也是对教师实践能力的肯定(J04-15-20240928)。

一些学校将“双师”和职称评审挂钩，一些学校是提高工资待遇。拥有中级职称的教师会更积极一些，因为学校将校级教学名师和高级“双师”联动起来，评校级教学名师有助于后续高级职称评审(J07-2-20241020)。

高职院校推进这项工作的积极性较高，但以行政命令摊派为主，新教师并不清楚“双师”认定的长远意义，也不清楚认定的标准及所需的材料，缺乏持续性，主要以完成行政命令为主(J07-2-20241020)。

本研究基于《教育部办公厅关于做好职业教育“双师型”教师认定工作的通知》《职业教育“双师型”教师基本标准(试行)》等政策文件以及访谈内容形成了能力要素框架。通过系统性质性研究，构建了新质生产力背景下高职院校“双师型”教师能力要素框架。依据理论抽样原则，选取了10名教师、3名人事管理部门人员、2名学生和3名企业代表进行深度半结构式访谈。访谈数据收集采用三角验证法，同步采集参与式观察记录和教学案例、政策文件等文本资料，形成多元数据支撑，最终形成价值维度——“教育家精神、工匠精神”、技术维度——“数字能力”、实践维度——“新型教育教学能力、高端实践能力”的理论框架。研究过程中通过持续比较法进行理论饱和度检验，直至新增数据不再产生新范畴。

(一) 数据分析编码过程

本研究遵循质性分析范式，构建三级递进编码体系，实现理论建构。具体流程如下。

1. 数据解构层

基于原始访谈文本进行开放式编码，运用持续比较法析出初始概念，通过语义聚类形成“价值内核”“技术支撑”“实践创新”等核心范畴。

2. 理论关联层

实施主轴编码，运用情境分析法将概念范畴与《教育部办公厅关于做好职业教育“双师型”教师认定工作的通知》《中国教育现代化 2035》《关于深化现代职业教育体系建设改革的意见》等政策文本、战略性新兴产业人才需求形成互文映射，将标签归类为价值内核（教育家精神、工匠精神）、技术支撑（数字能力）以及实践创新（新型教育教学能力、高端实践能力）。

3. 框架统整层

通过选择性编码实现理论聚焦，剔除重复率＜10％的次要标签（如“语言沟通能力”），聚焦高共识要素；依托持续涌现的编码关系提炼形成包含教育家精神、工匠精神、数字能力、新型教育教学能力及高端实践能力的五要素能力框架。

4. 效度检验层

交叉比对访谈、观察记录、教学案例、产业白皮书和高等职业教育质量年度报告等，通过三角互证策略提升理论饱和度与解释力。

该编码流程实现从经验数据到理论模型的螺旋式上升，既保证田野资料的实践性，又完成学术话语的理论抽象，最终形成兼具学理深度与实践匹配度的能力框架模型。

（二）成果输出示例（访谈→框架映射）

访谈文字输出能力要素示例一览表见表 3-2。

表 3-2 访谈文字输出能力要素示例一览表

访谈原文摘录	映射能力要素
“‘双师型’教师应有**情怀**、**教育理想**、**良心**。”“先得让年轻人知道一名**好老师应该是什么样的**。可能欠缺的是教师面对学生时对这份职业的**认知**，特别是**责任和义务**。因为教师跟别的行业有些不一样。如果没有足够责任心的话，真的很难做一名好老师。”“**明确师德为先**：教师需要具有良好的思想政治素质和师德素养，这是保证职业教育质量、培养高素质技能人才的前提。”“一个老师一辈子都是在研究技术，在老师群体中起到**正面引导**的作用非常重要。**把氛围营造好**，营造一种大家**积极向上**的氛围。”“**适应与创新能力**对于‘双师型’教师来说也非常重要。”“‘双师型’教师的综合素质非常重要。具有良好的**思想政治素质和师德素养，自觉践行社会主义核心价值观，弘扬教育家精神、劳模精神、劳动精神、工匠精神**。具备一定的**创新**能力，在教学中能融入创新的思政元素。”“学生的成长不仅体现在专业技能的提升上，还包括**解决实际问题能力的提升和创新思维的培养**。教师首先要具备这些能力。”“教师要拥有良好的**职业道德和职业精神**，为学生树立榜样，如体现**严谨的工作态度**、**高度的责任心**等。”“教师是应具备良好职业道德素养的人。”“‘双师型’教师也应该具备工匠精神，与企业技术能手一样，在所在专业领域具有较强的钻研精神。”……	教育家精神＋工匠精神

续表

访谈原文摘录	映射能力要素
“数字素养很重要，有的老师的PPT使用了很多年也没有一点修改。不具备数字素养会导致职业成长空间受限。”“要有**数字化**教学能力，采用**人工智能**技术开展教学。”“提升**数字化素养**很重要，积极参与教育数字化转型的实践，探索数字化教学的新模式和新方法。”“作为老师，在教学上要采用**人工智能**技术，可以用人工智能生成一些代码。”“教师必须了解**人工智能技术**，了解、研究哪些人工智能技术可以应用在教学中。”……	数字能力
“教学能力很重要，包括教学设计、课堂管理、教学方法运用等方面。我们要根据学生的特点和教学内容，选择合适的教学方式，让学生能够更好地学习知识。”“**提升教学质量，推动教学创新**，强化学生的实践操作。”“**专业实践能力与教育教学能力**相辅相成，一些教师不具备专业实践能力，在教学中还采用传统方式，这样的话对带学生实习实训是有难度的。”“要成为一名高水平的‘双师型’教师，需要制定科学合理的职业生涯规划，并注重实践能力、理论学习、**教学与科研并重**。”“必须对‘双师型’教师强调**企业实践经历**，要求教师具有企业相关工作经历或积极深入企业和生产服务一线进行岗位实践，这有助于教师了解产业发展、行业需求和职业岗位变化，及时将新技术、新工艺、新规范融入教学。”“还有**实践指导能力**，在学生实习实训的时候，我们要能够准确地指导他们操作，帮助他们解决遇到的实际问题。”……	新型教育教学能力＋高端实践能力

（三）理论框架的立体化建构

研究发现，在新质生产力驱动教育变革的背景下，“双师型”教师能力体系呈现三维耦合特征：价值维度包含教育家精神与工匠精神的辩证统一；技术维度要求数字能力（数字化教学能力、数字综合素养、构建数字化场景能力）的深度融合；实践维度强调新型教育教学能力和高端实践能力对传统教育教学和实践能力的迭代升级。该框架通过检验，证实其理论解释力与实践适切性，为职业教育师资培养提供了新的理论参考。

教育家精神、工匠精神、数字能力、新型教育教学能力及高端实践能力构成高职院校“双师型”教师现代教育能力要素的复合系统，其内在逻辑体现为价值引领、技术赋能与实践创新的递进式融合。以下从概念内涵、结构层级和功能协同三方面展开学理分析。

1. 价值内核层：教育家精神与工匠精神构成能力体系的伦理根基

教育家精神聚焦教育主体的价值理性，主要通过强化师德师风建设、完善教师失范惩戒制度重构驱动教学范式转型，在教育改革中发挥价值锚定作用。工匠精神则体现工具理性层面的专业态度，强调“强力而行”的敬业奉献精神、“精益求精”的至善至美精神、“不囿现状”的创新创造精神，为能力发展提供方法论支撑。

2. 技术支撑层:数字能力重构教育生产力基础

数字能力突破传统教学的技术边界,涵盖数据素养、智能工具开发、混合式场景设计等维度。其通过知识生产流程再造(如构建数字化场景能力)与教学资源重组(如数字化教学能力),为新型教育教学能力提供技术赋能,形成教育数字化转型的核心动能。

3. 实践创新层:新型教育教学能力与高端实践能力的协同进化

新型教育教学能力聚焦课程重构、跨学科教学设计、学习科学应用等微观操作领域,而高端实践能力侧重产教融合、复杂问题解决、教育技术转化等宏观实践领域。二者形成“教学设计—系统创新”的能力闭环,前者确保教育过程的有效性,后者实现教育价值的溢出效应。

在当前教育现代化进程中,该能力框架呈现出显著的时代适切性:教育家精神应对教育异化风险,工匠精神消解技术工具理性膨胀,数字能力破解传统教育生产力瓶颈,新型教育教学能力与高端实践能力则共同构建起适应智能时代的育人新范式。

二、价值维度:教育家精神

《中共中央 国务院关于弘扬教育家精神加强新时代高素质专业化教师队伍建设的意见》(以下简称《意见》)对新时代以教育家精神引领教师队伍建设作出战略部署,教育家精神体现了广大优秀教师和“大先生”的群体特征,体现了教育本质规律和教师职业使命责任的内在要求,也体现了党中央、人民群众对教师队伍建设的新期待,为我国新时代教师队伍建设提供了方向指南和价值引领。

1. 强化师德师风建设

“双师型”教师队伍中师德师风建设是关键。应重点发掘教育家精神中所蕴含的高尚道德情操,并将其转化为教师的道德观念与行为准则,帮助教师坚定坚守教育良知的信念。应深入高职院校一线收集“双师型”教师优秀的师德师风教育故事,整理为教师培训素材,示范与引领其他教师共同传承和弘扬教育家精神。学校可充分借助校内外宣传阵地,宣传教育家精神引领师德师风建设的正能量事迹,带动广大教师强化立德树人意识,主动参与立德树人根本任务,增强教育家精神的辐射力。教师要具有良好的思想政治素质和师德素养,自觉践行社会主义核心价值观,弘扬教育家精神、劳模精神、劳动精神、工匠精神。教师应具备一定的科研能力和创新能力,在教学中融入创新的思政元素(M02-2-20241026)。

2. 完善教师失范惩戒制度

明确教师不同失范行为的惩戒原则和办法，就师德师风建设、失范惩戒、奖励表彰和评价考核等做出明确规定，提升师德师风长效机制建设水平。激发教师内在觉悟，帮助教师全面树立正确的教育价值观，从内心深处具备教育家情怀、品质和智慧，更加熟悉和热爱学生。

某高职院校制定了《师德师风长效机制建设实施办法》，其中规定了：

(1) 加强师德教育，引导教师树立崇高理想：强化政治理论学习，完善师德教育培训机制，创新师德教育形式，强化基层党组织作用。

(2) 加强师德宣传，培育“重德养德”良好风尚：把握正确舆论导向，将师德宣传纳入全校宣传思想工作体系中，统一部署，推进师德宣传制度化、科学化、常态化；把培养良好师德师风作为校园文化建设的核心内容，弘扬学校优良办学传统和校训精神，弘扬中华优秀传统文化、革命文化和社会主义先进文化，培育科技创新文化，充分发挥文化涵养师德师风功能；发挥工会、团委、关工委等群团组织优势，以教师节等重大节庆日、纪念日、重大事件时间节点为契机，利用电视、广播、报纸、网站及微博、微信公众号等新媒体，加强弘扬师德风尚宣传报道，集中宣传优秀教师的师德风范和感人事迹，努力营造崇尚师德、争创师德典型的良好舆论环境和校园氛围。

(3) 健全师德考核，发挥激励、惩处作用：完善师德规范标准和考核制度，充分尊重教师主体地位；完善师德表彰奖励制度，将师德表现作为评奖评优的首要条件；健全违反师德行为惩处机制（对于存在各类师德失范行为的情形，师德考核直接评定为不合格，并且影响教学质量考核、职称评审、岗位聘任等相关工作）；建立师德师风建设问责机制。

(4) 强化师德监督，有效防止师德失范行为：健全师德监督体系；充分发挥学术委员会、纪检等部门、机构在教师作风建设、学术规范、教书育人等方面的监督调查作用，了解教师思想、工作和生活状况，全方位加强师德监督；建立监督信箱和举报电话等师德投诉举报平台，畅通师德监督渠道，做到有诉必查、有查必果、有果必复；建立投诉分类调查机制。

三、价值维度：工匠精神

发展新质生产力与弘扬工匠精神是相互统一的，并统一成就于中国式现代化伟大事业之中。无论是攻克制约我们发展的“卡脖子”技术，实现科技自立自强，还是建设制造强国，推动经济发展实现质量、效率、动力三大变革，都需要大力弘扬工匠精神，充分激发技术技能人才的创造潜能与聪明才智。执着专注、精益求精、一丝不苟、追求卓越的工匠精神也是“双师型”教师专业能力的重要组成部分，为新质生产力的发展提供了强大的精神支撑和动力源泉。

(一) 工匠精神赋能新质生产力发展的行动逻辑

一些专家学者对新质生产力进行了学习和解读。有的学者认为新质生产力不同于传统的生产力，它是一种创新的具有高阶特点的革命性的生产力形式。[①]有的学者认为新质生产力以新发展理念为指引，以高效能、高质量为目标，以科技创新为驱动力，生产要素完全打破了传统的经济增长方式。[②] 新质生产力的时代特征有创新驱动的颠覆性、产业链条的新颖性、发展的高质量等。[③]

人是生产力中最活跃、最积极的因素，发展新质生产力要牢牢抓住人才工作这个关键环节，重视培养高素质劳动者。劳动者素质的高低在某种程度上决定了劳动工具的先进程度和生产力的发展水平。因此，劳动者成为发展新质生产力最主导的力量和最活跃的因素。在加快形成新质生产力背景下，培育具有工匠精神的高素质劳动者已成为时代之急需。

工匠精神作为中国共产党人精神谱系的重要精神形态之一，有其独特的价值。政府工作报告明确将发展新质生产力列为 2024 年十大工作任务之首。改造提升传统产业、培育壮大新兴产业、布局建设未来产业、完善现代化产业体系，构建起发展新质生产力的产业链布局范式。这些不仅需要科技创新工作者，更需要一线技术工人、产业人才、能工巧匠和大国工匠们将科学技术转化、应用到生产实践中，如此才能产生实际效益。因此，工匠精神与新质生产力应持续互动，在推动中国从制造大国到制造强国的实践中有机互融。

1. 弘扬工匠精神，能够激发劳动者推动新质生产力发展的主人翁意识

第一，新质生产力以“创新”为主要特征之一，而“不囿现状”的创新创造精神能够提升劳动者在劳动要素各主体间发挥主观能动性，优化配置生产资料、技术，特别是第一生产力——高新技术，主动、积极开展技术革新，提升劳动者自身在发展新质生产力中的主体价值及实践价值。第二，弘扬工匠精神能够提高劳动者在新质生产力中的全面发展能力。工匠精神所倡导的劳动不是为了劳动而

---

① 令小雄，谢何源，妥亮，等. 新质生产力的三重向度：时空向度、结构向度、科技向度[J]. 新疆师范大学学报(哲学社会科学版)，2024(1)：67-76.

② 徐政，郑霖豪，程梦瑶. 新质生产力赋能高质量发展的内在逻辑与实践构想[J]. 当代经济研究，2023(11)：51-58.

③ 林夕宝，余景波，宋燕. 高职院校助力新质生产力高质量发展探究[J]. 职业技术教育，2024，45(9)：15-23.

劳动，而是追求劳动者在劳动中创造的自我价值、社会价值。例如，中国古代的工匠精神不是一味单纯地追求技艺高超，役于“器”，成为纯粹的“工具”。如《论语·为政》曰：“子曰：君子不器。”在追求技艺的基础上向往一种普遍真理，“通艺通道”在一定程度上改变了人们对传统手工业者以技艺为生的狭隘观念，匠人只是将技艺作为生活的媒介而不是生活的目的。匠人不再是单纯地为技艺而活，而是为自己而活。新质生产力将会创造更多自动化、智能化的新型就业岗位，与工匠精神引导劳动者追求新型生产关系中更具个性化和体验感的工作岗位不谋而合。

2. 弘扬工匠精神，能够打牢支撑新质生产力发展的人才基础

新质生产力作为先进生产力的具体体现形式，由技术革命性突破、生产要素创新性配置、产业深度转型升级而催生，各种生产要素之间的关系实现了更新和重组，以劳动者、劳动资料、劳动对象及其优化组合的跃升为基本内涵，以全要素生产率大幅提升为核心标志。新质生产力中出现了更高技术水平的劳动资料、更广范围的劳动对象，同时也需要更高素质的劳动者。弘扬工匠精神有助于培养综合素质高、专业技术强的劳动者队伍。

第一，弘扬工匠精神，有助于提升劳动者的综合素质。马克思、恩格斯指出：“为改变一般人的本性，使它获得一定劳动部门的技能和技巧，成为发达的和专门的劳动力，就要有一定的教育或训练。”[①]精益求精、追求卓越的工匠精神在实践中潜移默化地影响、引导着劳动者的主体行为，帮助他们自觉地形成科学的劳动价值观、规范的劳动行为，主动提升创造性、能动性，由此形成一批高素质、高质量的劳动者队伍。第二，弘扬工匠精神有助于提升劳动者的知识技能水平。传统生产力经济增长主要依赖生产要素数量的增加，对劳动者知识素质的提升要求不高。而新质生产力以创新为主导，要求知识密集型的劳动者能够优化配置新型生产资料。工匠精神中提倡的敬业奉献、创新创造、精益求精都引导着劳动者在工作过程中为了适应新技术、新科技的发展，不断更新自己的知识、技术技能水平，从而成为能够操作智能化、网联化等中高端设备的新型科技人才。因此，弘扬工匠精神能够为新质生产力发展奠定坚实的人才基础。

3. 弘扬工匠精神，能够帮助劳动者树立新质生产力倡导的新发展理念

发展新质生产力的目标是高科技、高效能、高质量，实现技术革命性突破、生产要素创新性配置以及产业深度转型升级，这些都离不开工匠精神所倡导的创新创造、精益求精、追求卓越及敬业奉献。

---

① 马克思恩格斯全集(第44卷)[M]. 北京：人民出版社，2001：200.

第一，树立创新发展理念。新质生产力的发展过程是具备充足知识储备、较高技能和素质的新型劳动者通过新型劳动工具作用于新型劳动对象的过程。其依赖于创新，把新的生产要素和生产条件的新组合引入生产体系，催生新产业、新模式。而创新的主体就是人。习近平总书记曾多次强调人才的重要性，“人才是创新的根基，是创新的核心要素”[①]，“人才资源是第一资源，也是创新活动中最为活跃、最为积极的因素”[②]。工匠精神所倡导的创新进取与新质生产力发展的创新发展理念相契合，面对技术的日新月异，劳动者通过创造性劳动习得知识化、智能化技能，树立了新质生产力必须依赖于创新这一发展理念。第二，树立协调发展理念。马克思指出：“随着新生产力的获得，人们改变自己的生产方式，随着生产方式即谋生方式的改变，人们也就会改变自己的一切社会关系。”[③]新质生产力强调发展要素的优化组合、发展结构的平衡协调，实现新型生产力要素合理匹配、优化组合的跃升，推进全要素生产率的持续、快速提升。通过工匠精神的引领，劳动者在人力和物力各种生产要素之间形成有序、合理的动态平衡。

发展新质生产力，关键在于“精品”意识，核心在于“创新”实践，特点在于“质优”力量，都需要弘扬工匠精神。习近平总书记强调，“劳动者素质对一个国家、一个民族发展至关重要。技术工人队伍是支撑中国制造、中国创造的重要基础”[④]。新时代的工匠精神中所蕴含的精益求精、追求卓越的传承精神为新质生产力的蓬勃发展注入了强大的动力。

(二) 传统文化中赋能新质生产力发展的工匠精神特质分析

1. 习近平总书记高度重视工匠精神

2016 年 4 月 26 日，习近平总书记在知识分子、劳动模范、青年代表座谈会上首次提出工匠精神。2017 年 10 月 18 日，习近平总书记在党的十九大报告中明确指出，“建设知识型、技能型、创新型劳动大军，弘扬劳模精神和工匠精神”[⑤]，首次将工匠精神写入党的全国代表大会工作报告。2019 年 8 月 20 日，习近平总书记考察山丹培黎学校时指出：“做强实体经济需要大量技能型人才，需

---

① 中共中央文献研究室. 习近平关于科技创新论述摘编[M]. 北京：人民出版社，2016：119.

② 中共中央文献研究室. 习近平关于科技创新论述摘编[M]. 北京：人民出版社，2016：110-111.

③ 马克思恩格斯文集(第 1 卷)[M]. 北京：人民出版社，2009：602.

④ 弘扬精益求精的工匠精神　激励广大青年走技能成才技能报国之路[N]. 人民日报，2019-09-24(1).

⑤ 习近平. 决胜全面建成小康社会 夺取新时代中国特色社会主义伟大胜利——在中国共产党第十九次全国代表大会上的报告[M]. 北京：人民出版社，2017：39.

要大力弘扬工匠精神。”[①]2019 年 9 月，习近平总书记对我国技能选手在第 45 届世界技能大赛上取得佳绩作出重要指示：“要在全社会弘扬精益求精的工匠精神。”[②]2020 年 11 月，在全国劳动模范和先进工作者表彰大会上的讲话中，习近平总书记深刻阐释了工匠精神的内涵：执着专注、精益求精、一丝不苟、追求卓越。[③] 2023 年 9 月，习近平总书记在给中国航发黎明发动机装配厂“李志强班”职工回信中勉励：“弘扬劳模精神、工匠精神，努力攻克更多关键核心技术。”[④]2024 年 3 月 5 日，习近平总书记参加十四届全国人大二次会议江苏代表团审议时指出：“我们要把职业教育发展好，要树立工匠精神，把他们的待遇条件保障好。”[⑤]

习近平总书记关于工匠精神的重要论述传承发扬了中华优秀传统文化，工匠精神根源于中华民族悠久的历史发展，是中华民族精神在新时代中国特色社会主义的时代体现。

2. 我国古代十分推崇“工匠精神”

早在《诗经》中便已出现了诸如“如切如磋”“如琢如磨”等词汇，用以形容玉石、骨器加工工艺的精湛。《易经》中“差之毫厘，谬以千里”一说，体现了我国追求“精准”的传统。《庄子·养生主》中庖丁解牛的故事，更是充分体现出庖丁物我合一、游刃有余的高超技艺。此外，《论语》中的“执事敬”，《周易》中的“天行健，君子以自强不息”，《考工记》中的“百工之事，皆圣人之作也”，《春秋公羊传》中的“巧心劳手以成器物曰工”，《荀子》中的“百工以巧尽械器”以及《核舟记》中记载的奇巧人王叔远等，均彰显了我国古代工匠的卓越才能。更有出身于工匠之家的鲁班，不仅有精湛的工匠技艺，还创造发明了多种工具，是古代劳动人民智慧的象征。这些经典著作、代表人物均向世人展示出中国劳动人民的智慧和对完美的不懈追求。

中国有许多发明创造闻名于世，如原始瓷器、商后母戊鼎、汉代造纸术、魏晋百炼钢、唐代赵州桥、宋代活字印刷术等体现古代匠人智慧与精神的技术和作品数不胜数。假如没有匠人们对技术的永恒追求以及创新的精神，也就不会有这

---

① 习近平在甘肃考察时强调 坚定信心开拓创新真抓实干 团结一心开创富民兴陇新局面[EB/OL]. (2019-08-22)[2024-03-19]. http://jhsjk.people.cn/article/31311942.

② 弘扬精益求精的工匠精神 激励广大青年走技能成才技能报国之路[N]. 人民日报，2019-09-24(1).

③ 习近平. 在全国劳动模范和先进工作者表彰大会上的讲话[EB/OL]. (2020-11-25)[2024-03-19]. http://jhsjk.people.cn/article/31943690.

④ 弘扬劳模精神工匠精神 为实现高水平科技自立自强积极贡献力量[N]. 人民日报，2023-09-03(1).

⑤ 【每日一习话】我们要把职业教育发展好 要树立工匠精神[EB/OL]. (2024-03-14)[2024-05-20]. https://news.cnr.cn/native/gd/sz/20240314/t20240314_526626800.shtml.

么多留存于世的佳作。

3. 工匠精神的特质分析

工匠精神是指工匠对自己的产品精雕细刻、精益求精的精神理念。具体来说，就是工匠们不断雕琢自己的产品、不断改善自己的工艺，享受着产品在双手中升华的过程。① 工匠精神包含以下三点精神特质：一是"强力而行"的敬业奉献精神。这是工匠精神最重要的特质。工匠首先要对自己所从事的工作和生产、设计的产品抱有敬畏之心和奉献之心，这样才可能从心灵深处重视。二是"精益求精"的至善至美精神。至善，即在制作产品的过程中将其视作自己的精神寄托。工匠在关注产品生产技艺的同时，不仅将产品视作自己的劳动成果，更把产品当作自己的朋友，赋予其精神内涵与价值理念，使产品不再是冷冰冰的器物而带有人的温暖。至美，即对产品具有完美追求的实践导向。工匠在生产劳动过程中，像对待艺术品那样追求完美，对产品精雕细琢、精益求精，达成纯粹的美感与艺术之境。② 三是"不囿现状"的创新创造精神。即不断地对自己提出批评和改进建议，通过自我否定，在一次又一次的批判中推翻原有状态，不断实现对原有技艺的超越和更新，实质体现了一种追求卓越的创新精神。中国传统文化向现当代传递着古代工匠敬业乐业、自强不息、精益求精的价值追求，以及创新创造、追求卓越的精神品质，成为新时代工匠精神不断丰富发展的基础。因此，研究如何从传统文化中学习工匠精神是十分必要的。正如习近平总书记所言："人民有信仰，国家有力量，民族有希望。"发展新质生产力，首先要让劳动者、产业工人有信仰，塑造精益求精的新质生产力产业文化。

（三）传统文化中的工匠精神是发展新质生产力的有效载体

1. "强力而行"的敬业奉献精神是推动新质生产力发展的基础

中国古代社会一直是"以德为先"，若与主流价值观相背，即使拥有高超技艺，也必会被社会所抛弃。因此，"德艺兼求"是必然。《周礼·地官·乡大夫》中记载，"以考其德行，察其道艺……，三年则大比……，此谓使民兴贤，出使长之；使民兴能，入使治之"，与新时代"弘扬教育家精神"、重视高素质专业化教师队伍建设不谋而合。

古代工匠大多是底层劳动者，他们一直以来都奉行不畏艰难、勤勤恳恳的职业道德。而这其中，墨家学说可以说是杰出的代表。墨家创始人墨翟注重对弟子进

---

① 夏伟. 传承墨子工匠精神 涵养高职文化自信——顺德职业技术学院文化育人培养现代幸福工匠探析[N]. 中国教育报，2017-04-10(4).

② 潘华顺. 中国传统文化对创新精神的影响(上)[J]. 安徽科技，2000(7)：44-46.

行职业道德和职业行为的训练。提倡“士虽有学，而行为本焉”(《墨子·修身》)，要求学生“强力而行”。墨子认为，“志不强者智不达”，注重对意志品格的修炼，认为只有意志坚定的人才能对社会发挥重大作用，否则即使有高超的技艺或完美的知识，若意志不坚定容易走入歧途，反而对社会不利。而且意志必须经过长期、艰苦的训练才能成为人的自觉行为，否则很容易衰退；“雄而不修者其后必惰”(《墨子·修身》)。墨子并不是光说不做，墨家弟子都是亲身效仿，“使后世之墨者，多以裘褐(粗陋衣服)为衣，以跂蹻(草鞋)为服，日夜不休，以自苦为极”(《庄子·天下》)。①

“强力而行”的敬业奉献精神在当代体现为坚守崇高的职业道德，指引新时代劳动者下苦功、练真功，不断、全面提升劳动者的能力，使之成为助力新质生产力发展的主体责任人，不断推动新质生产力高质量发展。

2. “精益求精”的至善至美精神是推动新质生产力发展的保障

《诗经·国风·卫风》中“如切如磋，如琢如磨”的表达，生动形象地展示了手工业者们在对骨器、象牙、玉石等材料进行切割、精雕、细刻、抛光等时认真负责、精益求精的态度。这种精神状态得到了历史上诸多学者的肯定和认同。例如，孔子在《论语·学而》中对这一精神给予高度认可；朱熹在《论语集注》中做出“言治骨角者，既切之而复磋之；治玉石者，既琢之而复磨之，治之已精，而益求其精也”②的解读。到了近代，孙中山将这种精神从手工业拓展到现代制造业，凝练出“精益求精”的表述，最终使这种萌芽于早期的“如切如磋”的工匠自觉行为上升到制造业从业者的行业规范。

精益求精的至善至美精神要求劳动者真正地吃透新质生产力。一要认真学，新时代的劳动者要不断地发挥学习的积极性与主动性，了解新质生产力发展面临的核心与关键问题，打破技术瓶颈；二要搞懂，就是工匠们要理解新质生产力的本质与核心精髓，领悟新质生产力不是凭空产生的，是中国共产党对马克思主义生产理论的守正创新；三要坚信，就是坚信新质生产力发展对于当前我国经济社会发展具有重要意义，以高质量发展推进强国建设。新时代的工匠们能够用新质生产力的理论去指导科技创新，特别是在科学与实践中的技术创新，将科学理论创新成果运用到生产实践中。

精益求精的至善至美精神还引导劳动者保持对技艺和文化的尊重与敬畏，这与墨子思想的另一核心“兼爱”不谋而合。“兼爱”就是不分阶层和等级的平等地爱。工匠从墨子“兼爱”的传统思想中吸收精华，将制作的每一个零件和每一

---

① 薛栋.论中国古代工匠精神的价值意蕴[J].职教论坛，2013(34)：94-96.

② 朱熹.论语集注[M].山东：齐鲁书社，1992：61.

个产品的使用者都看作与自己平等的一分子，投入情感和爱，站在用户体验的角度，更加用心地投入每一个环节，把好每一件产品的质量关。关注生产管理服务的细节，不断提升产品质量服务的精度与密度，为新质生产力的发展奠定坚实的基础。

3. “不囿现状”的创新创造精神是推动新质生产力发展的核心

创新是推动新质生产力发展的根本动力，引领新质生产力发展的核心引擎。工匠精神的创新就是不断地寻找创新的解决方案以推动技术和工艺的进步。新时代的劳动者积极发挥学习的主动性和创造性，主要体现为追求卓越的进取精神、穷则思变的创新精神和兼容并蓄的包容精神。

(1) 追求卓越的进取精神

《易传・象传》曰：“天行健，君子以自强不息。”《礼记・大学》云：“苟日新，日日新，又日新。”孔子“发愤忘食，乐以忘忧，不知老之将至”，孟子曰“尽信书，则不如无书”，荀子认为“学不可以已”，《中庸》提倡博学、审问、慎思、明辨、笃行的治学之道，这些都体现了勤奋进取、自强不息的精神。

追求卓越的进取精神与新质生产力发展是相互推动的关系。新质生产力具有高科技、高效能和高质量的特征，要求劳动者不仅要有丰富的经验，更要不断学习钻研，成为本专业领域的师傅，成为知识型和技能型的劳动者，而不仅仅是一个技术工人。随着科技和时代的进步，新时代的工匠们要了解新质生产力发展的新变化、新使命、新特征，不断更新所在工作领域的知识，了解掌握核心前沿科技，将传统技艺与现代科技紧密结合。工匠们只有保持对卓越品质的追求，才能适应当前经济社会的发展，满足行业需求，才能掌握核心技术，并与质改数转的时代洪流同频共振，成为科技发展的领跑者。而追求卓越的高素质劳动者必然会推动新质生产力的高质量发展。

(2) 穷则思变的创新精神

中国传统文化认为变易是这个世界最根本的事实，一切事物都处于不停的变化之中。《易传》最突出的特点是视变化为创新。几千年来，这种变易思想支撑着人们不断追求变革、推陈出新、打破常规。秦国商鞅变法推动奴隶制社会向封建制社会转型。王安石变革思想是人类反抗旧有体制、向不合理制度宣战的表现。正是有商鞅、王安石这些勇于创新的时代人物，国家和人民才有了摆脱不合理统治的可能与方向。近代以来的洋务运动、戊戌变法、辛亥革命、五四运动等，基本都是对旧制度、旧传统和旧思维的革新，对中国社会与文化进步产生了积极作用。中华人民共和国成立以来关于真理标准问题的大讨论、“两个凡是”的论述、有中国特色的社会主义制度建设等，全方位的社会文化与政治经济体制变革正在进行，世界舞台上的中国身影越来越多，中国声音越来越响亮，这些都源于创新不息、前进不止的变易精神。

新质生产力的特点是创新，强调创新对高质量发展的驱动作用。现代产业体系需要将创新打造成培育新质生产力的第一要素，迫切需要培养具有创新精神的专业技术人才。

受访者也表示教师的创新能力非常重要，例如教改创新的能力，因为教学所有的成果是相通的，比如课程、教材、教改课题与课堂都是密切关联的。我现在将教改成果运用在课堂中，我对课堂的把握从来没有像现在这样游刃有余，我根本不用喊，学生就很乐意上我的课。这本来也是教师应该具备的能力，但是大部分教师还不具备(J01-20-20240830)。“双师型”教师应该具备较高的职业道德与素养、理论教学与实践教学能力、行业知识与实际经验、适应与创新能力等(M01-1-20241011)。

我所在的是机械工程专业。在新质生产力背景下，如人工智能、大数据、物联网等新技术发展得特别快，教师得积极回应。首先是技术更新能力，教师要时刻关注新技术发展动态，不断学习并将它们融入教学内容。比如把人工智能算法应用案例引入相关课程的教学，让学生了解到行业的最新发展。还有创新实践方面，教师应鼓励学生参与创新实践项目，自己也要具备创新实践能力，能够指导学生开展创造性的电子产品设计、软件开发等项目，培养学生的创新思维和实践能力(J06-1-20241009)。

(3) 兼容并蓄的包容精神

中华传统文化自古以来就有海纳百川的气势：春秋战国时期儒家、道家、墨家、法家等百家争鸣、各放异彩；《周易》曰“地势坤，君子以厚德载物”。正是这种有容乃大的胸怀，实现了中华民族多元文化的融合，形成了灿烂的中华文化。

和而不同、求同存异、取长补短的古代经典哲学思想源远流长，各民族文化相互吸收借鉴、各取所长，璀璨的历史文明就在这种文化激荡中不断得到传承和弘扬，继而突破自身实现创造性转换和时代性超越。

我国发展新质生产力重点在于提升自主创新能力。通过自主创新实现科技自立自强，真正牢牢地抓住未来发展的主动权。要注重发力原始创新，实现核心技术的自主可控，不断破解“卡脖子”的关键核心技术问题。要优化创新环境，提高整个社会对原始创新的包容心、宽容度和承受力，积极营造鼓励大胆创新、勇于创新、包容创新的良好氛围，建立多元化的创新激励和保障机制。这些都离不开兼容并蓄的包容精神。

发展新质生产力，要求培养一大批爱岗敬业，具有创造性思维、卓越技能和快速适应能力的高素质技术技能人才。教师在教育教学和实习实训等人才培养过程中首先要具有敬业奉献精神、至善至美精神以及创新创造精神，将这些优秀的品质潜移默化地传递给学生，全面提升新质劳动者的各项能力。

伴随着第四次工业革命的推进，新质劳动者所面对的非常规性认知任务尤其是创造性任务会越来越多，创造力和创新思维成为数智时代职场中不可或缺的能力。职业院校应特别注重培养技术技能人才的创造力，鼓励他们独立思考，提出新观点，学会分析、解决复杂问题；要为学生提供更多具有创新性的学习机会，如让学生参与创业教育和跨专业的合作项目，以培养他们的创新精神。强调思维与实践的创新，教师应具备敏锐的洞察力，能够精准捕捉行业产业的前沿动态与发展趋势，采用新颖的教学方式，并勇于探索教学的新领域、新方法，激发学生主动探索、勇于实践的热情，培养其发现问题、解决问题的能力，为新质生产力的培育与孵化奠定坚实的基础。兼容并蓄的包容精神是新质生产力背景下高职院校“双师型”教师必不可少的能力要素之一。

四、技术维度：数字能力

新质劳动者在当前数字技术快速发展的背景下，需要具备良好的数据分析能力，能够利用人工智能、数字孪生、区块链等新技术，将知识和技能快速转化为运用、管理、维护数智化生产设备和工具的能力。

首先，数字技术的发展必然会引起工作、生活场景的快速变化，新质劳动者要尽快适应工作环境，面对产业高端融合、智能绿色发展所带来的挑战，就要具备灵活、创新的解决复杂问题的系统思维能力，同时还要具备前瞻性思维、分析性思维，较强的领导力、一定的社会影响力以及注重细节等。这些都是新质劳动者在人机结对协同工作背景下所应具备的素养。其次，新质劳动者要具备成长性心态，也就是要通过不断的学习实现自我发展。新质劳动者还要具备内驱力和终身学习的意识等。这些都是新质技术技能人才在数字技术发展背景下要保持的核心竞争力要素。因此，教师必须具备相应的数字能力，积极培养学生的相关数字素养。

1. 数字化教学能力

教育部副部长吴岩说，AI 不能替代老师，但是 AI 可以替代不会人工智能技术的老师。[①] 可见掌握 AI 技术对于高职院校“双师型”教师来说具有非常重要

---

① 教育部副部长吴岩：AI 不能替代老师，但是 AI 可以替代不会人工智能技术的老师[EB/OL].(2024-09-03)[2024-09-15]. https://www.ahdy.edu.cn/rjxy/2024/1219/c1896a41032/page.htm.

的意义。教师数字素养标准包括数字化意识、数字技术知识与技能、数字化应用、数字社会责任、专业发展五个维度。职业院校迫切需要提升综合治理水平，努力减少并克服由于数字鸿沟、环境缺陷和治理缺位导致的数字技术对教师专业发展的教学负担，有针对性地解决教师数字技术素养薄弱等问题①，关注教师对信息技术的恰当使用，提升其数字素养。

具备数字化教学能力后，“双师型”教师可以在课程中强化对科技工具和数字素养的培育，使学生理解并熟练运用人工智能（AI）、大数据分析、数字孪生、机器学习等技术，获得未来职业竞争优势，同时还要注重培养学生的成长心态、内驱力与自我意识、好奇心与终身学习能力等，以提升其可持续发展能力，确保学生能够在数字化时代取得成功。受访者认为在当前形势下，具备数字化教学能力是教师必备素质之一。有的老师的PPT使用了很多年也没有一点修改。不具备数字素养会导致职业成长空间受限（J01-20-20240830）。教师要有数字化教学能力，要会用智能化的教学手段（J04-15-20240928）。

2. 数字综合素养

高职院校要加强专业师资队伍的数字化建设，“引”“培”具有相关行业背景的实践经验丰富的教师，从而为学生提供更加丰富多元的学习资源和帮助。同时，学校要为专业教师提供必要的数字化教学资源培训和支持，包括软件、硬件等，以帮助他们在日常教育教学改革中开展数字化改造，提升数字素养，支撑专业数字化发展，推动数字化教学的普及和深入。

教师首先要具备最新的数字能力，比如把人工智能算法应用案例引入相关课程的教学，让学生了解到行业的最新发展（J06-1-20241009）。

一名计算机学院的骨干教师认为：作为教师，在教学上要使用人工智能技术，可以用人工智能来生成代码。先让学生用人工智能去生成代码，看看是什么样子的，然后自己再去修改，也可以参照生成的代码来写。也可以将软件做好，用人工智能去生成测试，同时还要了解生产背景。教师要了解本专业相关的产业有哪些人工智能技术正在被大量应用，这样给学生做项目教学的时候才能有针对性。教师一定要参与一些与产业相关的最新技术项目（J10-28-20241022）。

3. 构建数字化场景能力

“双师型”教师要不断提高自身的数字素养水平和数字资源整合能力，坚持以人为本，构建数字化场景。数字技术促进了教学模式、课程体系、师生关系、教

---

① 李梦卿，陈姝伊. 数字技术赋能高职院校教师专业化发展探析[J]. 职业技术教育，2023(7)：33-38.

育管理等方面的变革，不仅改变了学生的学习方式，也为教师的教学带来了新的助力。“双师型”教师要推进课程与专业的数字化转型，打造教育教学数字化生态，将数字化融入人才培养全过程，合理运用数字资源进行教学，提高教学质量。教师应积极提升数字化素养，参与教育数字化转型的实践，探索数字化教学的新模式和新方法(J03-20-20240920)。

五、实践维度：新型教育教学能力

技术技能人才是产业创新和生产实践的生产力基础要素。随着人工智能、区块链、数字孪生、物联网、5G 等新兴数字技术的发展与应用，新产业、新模式、新动能不断涌现。在电子信息与装备制造业领域，精密制造、高精度等极端制造方向对人才的需求越来越迫切。从科技发明到实现量产的应用实践型人才是当前人才缺口的重要部分，他们是推动技术技能创新和实现成果转化的重要力量，同时也是技术创新的实践者、探索者和推动者。他们能够熟练运用、维修、管理各种智能设备，进行工艺创新，从而提高产品的产值率，节约资源，降低成本等。因此，“双师型”教师需要具备新型教育教学能力，才能培养出具备快速适应能力、人机协同能力和可持续发展能力的技术技能人才。

(一) 新质劳动者赋能新质生产力

新质生产力的第一要素是高素质的劳动者，动力源泉是高技术含量的劳动资料，物质基础是广泛的劳动对象。与传统生产力相比，新质生产力是创新起主导作用的先进生产力质态，展现出高科技含量、高效能输出、高质量成果等特征。面对产业规模持续扩张与层次不断提升的挑战，我们必须在技术创新、人机协作等维度实现关键性突破，这有赖于构建一支具有多元化技能与高素养的人才队伍。

内生经济增长理论特别强调人力资本对于经济发展的重要作用，提高劳动生产率的重要途径就是加强教育和培训，使人力资本升值，从而促进经济社会发展。德国、美国、日本等国家都将提升技术技能人才队伍的质量作为经济发展的重要引擎。因此，在职业教育阶段开展前瞻性人才培养，通过系统培育掌握新型劳动工具、具备创新劳动技能、积累先进劳动经验的新型职业人才队伍，使之能够有效适应新型生产关系，是优化新质生产力要素配置、推动新质生产力发展的重要着力点。要紧跟数字时代劳动者职业素养以及需求的变化，为技术技能人才培养的可持续发展打下坚实的基础。职业教育要创新现代职教体系，注重培养技术技能人才的“软性”技能，从而应对新质生产力发展背景下的产业升级转型，这就需要教师具备新型教育教学能力。

（二）新质生产力视域下的新型教育教学要求

随着新质生产力的发展，其对社会生产方式、生产关系及生产组织形式的重塑已达到前所未有的深度与广度。这一变革性力量对职业教育体系中“双师型”教师队伍建设提出了迫切的适应性要求。

1. 态度与理念的持续更新

在新质生产力背景下，高职院校对教师师德师风提出了高标准、严要求，强调在课程教学中融入思政教育元素，发挥课程思政的引领作用，以高尚的情操与先进的理念感染学生，促进其全面发展。

2. 知识与技能的迭代升级

具体而言，教师要紧跟时代步伐，掌握最前沿的学科知识与实用技能，以确保教学内容的时效性与前沿性；教育教学内容应紧密契合新质生产力的发展脉络，以确保其时代性与实用性。

3. 教学与设计的个性化

鉴于学生群体的多元化与个性化发展特征，教师应为不同年龄层次和成长阶段的学生量身定制教学内容与方法，以全方位提升学生的创新意识与综合素质。

鉴于产业间逐渐融合的趋势，高职教育必须着眼于培养具备跨学科视野与综合技能的人才，以应对多元化、复杂化的工作场景。因此，课程体系的优化与重构成为关键，应致力于拓宽学生知识面、强化综合素质、培育其解决复杂问题的能力。面对技术迭代加速，高职教育应将培养学生的终身学习能力与自主发展能力置于核心地位，确保其具备可持续发展能力。

（三）新型教育教学能力要素

1. 终身学习理念

《中华人民共和国职业教育法》第十四条规定：“国家建立健全适应经济社会发展需要，产教深度融合，职业学校教育和职业培训并重，职业教育与普通教育相互融通，不同层次职业教育有效贯通，服务全民终身学习的现代职业教育体系。”传统的职业教育体系要求学生在规定时间内完成特定知识和技能的习得，面对数智时代产业和职业的快速变化，这些知识和技能可能会在较短时间内贬值，因此，终身学习将变得越来越重要。教师首先要树立终身学习的理念，不断更新自己的知识与技能，掌握行业前沿知识，学习产业最新实践技术与技能，参与科研院所技术革新研究，帮助企业解决生产、经营与管理的实践难题，并将这些反哺教学，为学生的终身学习理念播下种子。“双师型”教师在传授知识和培养技能的同时，更要注重培养学生的成长心态，激发其内驱力与自我意识，并着重提升学生的终身学习素养。以科技创新引领产业创新，加快形成新质生产力，就需要教师首先了解技术、产业的发展现状，最好是调研一些行业的最新发展状况、头部企业的技术突破等，例如传统制造业是否已经对机器的操作人员提出了更高的要求，尤其是一些先进的制造业如精密加工等是否已经不再需要传统的工人，而需要既懂理论又会实际操作的高素质人才。这就要求“双师型”教师不是简单地教会学生使用一台机器，而是培养学生的能力，尤其是终身学习能力，学习使用、操作未来的机器设备(J07-2-20241020)。

2. 合作和沟通技巧

提升新质劳动者的人机协同能力。在新质生产力背景下，“人机协作、人际协作”成为主要劳动形式，更加强调团队合作和交流沟通，这就要求技术技能人才具备较高的人机结对协同作业与人际协作创新能力。“双师型”教师需要加强学生的人机—人际合作和交流沟通技巧的培养，使学生养成分析性思维、同理心与积极倾听的良好习惯，通过项目学习和团队合作活动来培养学生的有效沟通能力、领导能力和解决矛盾、化解冲突的能力。而良好的团队协作与沟通能力亦是“双师型”教师不可或缺的素质。他们需与企业界的工匠、科研领域的同行以及广大学生等多元主体保持有效沟通，通过紧密协作，共同推动新质生产力理论的深化与实践的拓展，促进科技成果向现实生产力转化，为经济社会发展注入强劲动力。

3. 跨学科知识

在探讨新质生产力的演进脉络时，其显著特征——高科技含量与强大创新性，已深刻影响并重塑了人才需求的格局。这一变革促使人才需求从过往的知识型导向逐步转向具备创新精神、实践能力及高度多元化、复合型特质的个体。在此背景下，“双师型”教师知识结构的更新与提升成为支撑新质生产力发展的关键要素。具体而言，“双师型”教师不仅要精通本专业领域的核心知识与技能，更要突破学科界限，广泛涉猎并深度融合各学科知识，以应对工作中日益复杂多变的挑战。

“双师型”教师还应具备“适应性专业知识”。《人是如何学习的：大脑、心理、经验及学校》提出“适应性专业知识”，就是能够灵活运用自己所具备的专业理论知识，同时对外界的要求及时回应，处理一些出现的新问题，具备良好的适应能力。大卫·埃利斯将其总结为：将现有的知识应用于新环境、新内容，并且能够进行创新的人是具有适应性专业知识的人。

职业教育能够帮助学生把在学校学习到的理论知识、技能运用到工作生活场景中。学生要具备可迁移能力，并且能够适应不同的环境。高职院校的课程必须对学校外部的环境及时地做出回应，从而保证课程知识具有可迁移性。高职院校“双师型”教师是课程教学的组织者和实施者，要具备对于外部环境变化的敏感性以及及时调整的能力，以保证课程的适应性；还要具备教学情境仿真设计能力，在学校模拟企业生产实践场景，以使学生更好、更快地适应未来的就业环境。教师对课程适应性要有清晰的认识，以便更好地开展教学工作。

新时代，教师要能够熟练运用人工智能等新技术辅助教学，“为学生的思维方式和发展数字素养所需的技能提供支架”①。面对外界快速变化的环境，教师要承担起培养学生可持续发展、可迁移以及终身学习能力的责任。课程要能够帮助学生获得所需要的知识工具和学习策略。

教师需要具备多维度的知识与能力。我觉得教师能否给学生提供一些前瞻性的支持很重要，教师要站得高一些，看得远一些，能够把教学、课程内容变成学生的某种实际能力，或者给他们一定启发也可以。毕竟我们是教师，不是别的职业，得把自己所拥有的知识和技能传授给学生，同时教师应具备跨学科的知识与能力(J07-2-20241020)。跨学科知识融合能力很重要。现在学科交叉融合的情况越来越多，我得具备这种跨学科知识融合的能力，比如将电子技术与生物医学工程结合的知识传授给学生，拓宽他们的知识视野(J06-1-20241009)。

4. 科教融汇的意识与能力

(1) 加强“双师型”教师的科教融汇意识

高职院校不仅需要教学，同时也需要教师开展理论研究以及与产业发展紧密结合的相关应用型研究，以解决产业发展中的实际难题。高职院校应鼓励教师将教学与科研相结合，并将科研成果运用到教学中。教师要树立从科研向教学转化的理念，通过在教学和科研之间建立良好的互动关系，将科研成果转化为教学内容。同时吸收学生参与研究，帮助学生拓展知识领域，开阔视野，了解前沿理论以及新技术、新工艺等。

(2) 提升“双师型”教师的科教融汇能力

职业教育研究应该是通过研究助力教学，以科研反哺教学。首先，“双师型”教师的研究应该是落地的，要立足所在区域的发展需求，围绕当地主导产业、企

---

① 黛安娜·劳里劳德(Diana Laurillard).教学是一门设计科学：构建学习与技术的教学范式[M].金琦钦，洪一鸣，梁文倩，译.福州：福建教育出版社，2019：4.

业亟待攻克的技术难题、新技术需求等开展研究。“双师型”教师要积极参与到所在区域的政府、科研机构、企业的产学研合作项目中，可以在一些高新技术企业、科研机构挂职锻炼，提高科技创新和服务的能力。其次，“双师型”教师应将科学研究的成果融入教学，从而保证人才培养的成效。高职院校要积极与地方产业园区开展紧密合作，将产业资源转化为教育教学资源，从而推进产教融合的良性互动。

高职院校教师与人事管理部门非常重视科研能力的提升，认为这是“双师型”教师需要的素质与能力之一。“双师型”教师要具备较强的科研能力和创新能力，能够开展教育教学研究和技术革新(J03-20-20240920)。“双师型”教师要参与科研项目，将科研成果转化为教学内容，提高教学的前沿性和创新性(M02-2-20241026)。

(3) 组建科教融汇教师团队

高职院校要加强与科研院所、其他院校以及地方行业企业之间的联系，以一些产学研应用平台为载体，组建跨区域、跨机构、跨院系、跨专业的创新团队。首先，组建一些研究方向明确、人员结构合理、运转灵活的科研创新组织，从而改变当前高职院校科研“单打独斗”的状态，建立有组织的科研团队。特别是要积极对接地方区域的产业布局，帮助科研院所转化成果，与企业共同联合攻关技术难题，推动技术研究和应用研究有机结合。其次，鼓励教师到行业企业一线进行实践锻炼，从而了解市场需求，与企业联合开展应用性研究。最后，建立科学合理的人才交流机制。高职院校可以聘请劳动模范、能工巧匠、技能大师等高技能人才担任兼职教师，设立技能大师工作室等，让他们参与高职院校的人才培养、技术培训、联合研究等相关工作。

六、实践维度：高端实践能力

高职院校“双师型”教师需要具备企业实践能力。教师作为职业院校的专业技术创新人才，直接参与企业的转型发展、迭代升级，帮助企业开展员工培训，同时通过参与企业实践，将新技术、新工艺、新规范纳入教学内容，培养出更多的高素质技术技能人才，满足新质生产力对人才转型升级的需求。

但是，教师具备的企业实践能力不是简单的、基础的技术操作能力，而是在产业、行业发展过程中破解“卡脖子”难题时迫切需要的技术技能。教师拥有了高端的实践操作技能、研发能力，并将之运用到教学中，将有助于学生未来的长远发展。教会学生成为一线的流水线工人，这不是职业教育的人才培养目标(J09-13-20241027)。

1. 实践认知能力

实践认知能力是指对高职院校实践教学活动各个要素之间关系的认识和理解，包括实践教学理念、实践教学知识、实践教学技能和实践教学素质等。实践教学理念涵盖了“双师型”教师对实践教学活动的认知和态度。他们深知实践教学的重要性，坚持将“立德树人”作为人才培养的根本任务。同时他们会根据学生身心发展的规律，运用相关的教育教学理论知识，来开展实践导向的教学活动，让学生在做中学。实践教学知识是指“双师型”教师要熟练掌握实践教学的相关知识结构，而其专业知识掌握的深度、广度是影响学生实践能力习得的重要因素。教师应能将专业知识与企业中的生产管理，特别是新技术、新产品、新方法等元素相结合，开展相关实践教学。实践教学技能指“双师型”教师具备实训指导等方面的技巧，能够帮助学生掌握实训操作规范、具体的操作技能，运用相关设备开展生产、管理、服务等。实践教学素质指“双师型”教师具备实践教学所需要的基本素养、职业道德、良好品行等。

2. 实践基本能力

实践基本能力指教师能够对整个实践教学过程，包括实践教学设计、实践教学管理、实践教学实施和实践教学监控等进行把握，这是实践教学能够顺利进行的基本保障。实践教学设计能力指教师能够根据实践教学的目标和课程标准，从职业岗位、工作过程要求等出发进行教学过程和情境设计，根据学生的个性特质，制订个性化的学习计划，为学生开展实践学习营造良好的学习氛围。实践教学管理能力指“双师型”教师具备组织实践教学活动的能力，能够在教学过程中及时关注学生参与教学的情况，并进行全面的管理，同时能够妥善应对课堂中的突发事件。实践教学实施能力包括教师能够运用工学结合、理论与实践相结合的方法开展实践教学，同时运用人工智能等数字化手段辅助教学，帮助学生了解企业生产一线的真实环境与操作流程、规范，对原有的教学设计进行创新和发展。实践教学监控能力指教师能够对教学活动进行检查、评价、反馈控制等。

3. 实践关键能力

实践关键能力主要包括实践教学操作能力、实践教学指导能力、实践教学合作能力和实践教学评价能力等。实践教学操作能力主要指教师能够按照岗位规则和专业要求操作相应的机器设备，同时能够清晰、准确地表达操作规程和过程中的注意事项，高质量地完成操作活动。实践教学指导能力指“双师型”教师能够根据知识点和技能点的要求，结合企业最新的生产工艺和技术，有效地指导学生的实习实训，让学生潜移默化地了解、习得企业最需要的知识和技能。实践教学合作能力是指“双师型”教师具备与同事、领导，特别是企业相关人员进行沟通合作的能力，谦虚耐心地向企业工作人员学习最新的技术，提高实践教学的质量。实践教学评价能力指教师能够根据技术技能人才培养的规律和实践课教学的特点，采用合适的评价方法对学生进行多元综合评价。

一名汽车相关专业的骨干教师(在读博士)感慨，高职院校“双师型”教师在工程技术实践能力方面相对较弱。技术技能要考虑一个发展性的问题，不是单纯强调技术技能，要有前瞻性，否则就是往低端走。其实我们面临两个问题：第一个是汽车专业的教师去4S店实践就是往低走，搞维修、销售；第二个是聚集汽车产业的前半部分，搞研发，解决企业目前在研发过程中的实际问题。但需要有领军人才来带。

虽然第一种去4S店搞维修，对培养教师的实践能力很重要，但是开展汽车产业研发更重要。前者是一种路径依赖，但不具备可持续性、前瞻性。教师不能光搞技术，更重要的是要有解决企业前瞻性问题的能力，不能老跟在企业后面。高职院校教师比企业中的一些员工更具理论优势，要着眼于未来，跑在企业的前面。第二种对于职业本科发展、学校层次提升有着重要的推动作用。虽然高职院校与本科院校相比有差距，但是差距没有那么大，至少不像我们想象中那么大(J09-13-20241027)。

教师要紧跟产业步伐，了解最新的行业趋势和人才需求，熟悉企业的生产流程和技术要求，能够明确教学内容，将企业的实际需求融入教学，培养学生的实践能力和职业素养。这样才不与市场和行业脱钩。教师的理论和实践能力要在动态的调整适应中不断螺旋式上升(J03-20-20240920)。

丰富的行业实践经验必不可少。我觉得教师得有一定时长的企业工作经历或者参与过实际项目，这样才能熟悉行业的流程、规范和技术应用，才能结合实际情况将教学内容讲解得更透彻。还有实践指导能力，在学生实习实训的时候，我们要能够准确地指导他们操作，帮助他们解决遇到的实际问题。最后，课程开发能力也不容忽视，要结合行业需求和教学实际，开发出具有实用性的课程和教学资源(J06-1-20241009)。

“双师”的培养需要有丰富企业工作或相关行业从业人员的经验分享和实操指导，尤其是专科教育背景下的学生，更应该注重对他们一线操作技能的培养。我认为这也是对教师进行“双师型”培养的目的。真正的“双师型”教师在教育教学中一定能结合企业实际需求、行业发展需求、岗位能力要求，将理论和实际紧密结合，让学生对所学的理论知识有更加具象的理解，对未来的就业前景更有期待和信心。教师本身实践技术过硬，能在学生实习实训时给予更细致的指导。结合案例，学生在校学习得越充分、透彻，企业实践才能越深入，不再只是为了完成某一项任务或特定的实践考核，而是真正将能力考核化为能力的培养(J07-2-20241020)。

教师具有一定的企业工作经历或定期至生产服务一线进行岗位实践，能够及时将新技术、新工艺、新规范融入教学。教师掌握专业工作及技术流程，在实习实训教学、成果转化等校企合作方面更易取得突出成果(M02-2-20241026)。

专业实践能力与教育教学能力是相辅相成的关系。一些教师不具备专业实践能力，在教学中还采用传统方式，这样的话对带学生实习实训是有难度的(J01-20-20240830)。

“双师型”教师既要对学生进行理论教学，又要注重实际能力的培养；不仅要教会学生理论计算、分析等，更要教会学生实际使用工具，了解操作流程、注意事项、应用场景等。这才是培养学生真正能力的教学。针对专科学校的学生，应当理论实操并重，在一定程度上更重实践(J07-2-20241020)。

新质生产力背景下高职院校“双师型”教师“三维五要素”能力框架见表3-3。

表3-3 新质生产力背景下高职院校“双师型”教师“三维五要素”能力框架

能力维度	一级指标	二级指标
价值内核层	教育家精神	—
	工匠精神	敬业奉献精神
		至善至美精神
		创新创造精神
技术支撑层	数字化能力	数字化教学能力
		数字综合素养
		构建数字化场景能力
实践创新层	新型教育教学能力	终身学习理念
		合作和沟通技巧
		跨学科知识
		科教融汇的意识与能力
	高端实践能力	实践认知能力
		实践基本能力
		实践关键能力

第四节　当前高职院校"双师型"教师培养存在困境

近年来，我国坚持实施"职业院校教师素质提高计划"，不断加大中央财政投入，有效带动省级财政投入，扩大职业院校教师"国培""省培"覆盖面和提高参与率，完成国家级培训 13.6 万人次、省级培训 9.2 万人次；依托龙头企业和高水平高等学校分层分类共建 170 个"双师型"教师培养培训基地；有序启动职业教育教师教学创新团队建设工作，分批分层建设了 1 000 余个教学创新团队；依托国家职业教育智慧教育平台，开设师德师风、通识研修、专业课研修、项目研修、专题研修等版块，有效提升职业院校教师职业素养和专业能力。2012—2023 年，我国职业院校专任教师规模从 111 万人增至 145 万人，增幅 30.63%；2022 年，我国各层次职业教育"双师型"教师在专业课教师中的占比均超过 55%。[①] 但是"双师型"教师培养过程中，仍存在职前培养不足、职后培养理念有待更新、培养机制需要完善、企业高技能人才进入职业院校路径有待通畅等问题。

一、"双师型"教师职前培养不足

从历史演进的脉络来审视，职业技术师范大学在职业教育师资的培育过程中始终扮演着核心角色，发挥着举足轻重的作用。20 世纪 70 年代末至 80 年代初，国家着手建立了一批独立建制的职业技术师范院校，由此开启了我国职业教育师资培养的新纪元。历经数十载的蓬勃发展，职业技术师范院校实现了从零到一的跨越，在职业教育师资培养领域展现出了骨干引领与示范效应，已然成为我国高等师范教育体系内一股不可或缺的新兴力量。

从当前高等院校教师队伍的实际情况来看，高职院校"双师型"教师数量存在着显著的不足，凸显出对职业技术师范大学进行教师规模化培养的迫切需求。在教师的层级结构上，受限于多种因素，高校中学科带头人、高层次人才及"双师型"教师数量普遍不足。特别是高水平博士层次的"双师型"教师培养无法满足高职院校的发展需求。

高职院校没有重视人才培养过程中的企业实践环节，企业实践的时间短或不够深入，导致职业教育的专业硕士生掌握的专业知识和技能无法满足当前最

---

① 吴慧明. 以高素质职教教师队伍支撑教育强国战略[N]. 中国教育报，2024-04-02(5).

新技术发展的需求，也无法满足新质生产力背景下“双师型”教师的要求。职业教育专硕培养目标与实施路径错位、培养定位模糊，导致部分毕业生与行业需求脱节，对未来的职业生涯规划路径不清晰，就业不畅就会引发招生问题。

二、“双师型”教师职后培养理念有待更新

在信息化和数字化时代背景下，新质生产力的形成与发展是必然趋势，其中科学技术的创新引领作用尤为关键。目前，产业结构的转型升级已成为新常态，但传统高职教育以技能为核心的人才培养模式逐渐与新发展阶段的社会需求脱节。技能人才在技术执行层面的优势难以掩盖其在科技创新驱动力上的不足，难以满足新质生产力对创新能力的需求。同时，职业教育教师培养理念未能融入数字化、绿色化等要素，导致高职院校培养的人才在综合素质上难以匹配新质生产力的高质量发展需求，进而制约了其对产业升级的支撑作用。因此，高职院校“双师型”教师培养理念需要实现从“理论实践并重”向“创新引领”的根本性转变。

受访者也纷纷表示教师的理念需要更新。要树立数字化转型思维，要有接受它的紧迫感(J01-20-20240830)。教师不仅需要掌握扎实的专业知识，具备先进的教学理念和方法，还要能够运用多种教学手段和工具提高教学效果以及激发学生的学习兴趣，特别是在新质生产力背景下高职院校“双师型”教师应具备强烈的创新意识，具备对新事物、新技术的敏锐洞察力，能够主动探索和应用新的教学理念和方法(J03-20-20240920)。教师需要了解专业领域的发展趋势及创新技术，具备先进的教学理念和教学方法，能够采取多种教学模式，有效运用信息技术开展教学(M02-2-20241026)。

三、“双师型”教师培养机制需要完善

高职院校教师队伍缺乏行业专业人才，单一的师资来源影响了教学的实践性和针对性。应加强对教师专业发展和继续教育的政策支持，鼓励并要求教师到企业参加实践活动，通过制定更具针对性的政策措施，为教师提供更多的发展机会和资源保障。

鼓励教师赴企业开展实践锻炼，了解企业或行业的生产组织方式、工艺流程、发展趋势等基本情况，熟悉企业相关岗位职责、操作规范、技能要求、用人标准、管理制度等，学习所教专业在生产实践中应用的新知识、新技术、新工艺、新标准等；参加企业生产经营活动，为企业提供技术支持服务的同时提升教师的专业实践能力；结合企业的生产实际和用人标准，不断完善教学方案，改进教学方

法，积极开发校本教材，切实加强职业实践教学环节，提高技术技能人才培养质量。在加强学院与社会及产业界联系的基础上，积极推进学生顶岗实习工作，加强对顶岗实习学生社会适应性、职业竞争力和爱岗敬业精神的教育培养。

部分高职院校将企业实践锻炼与“双师型”教师认定、职称评审挂钩，如某院校规定，“凡企业工作不满 2 年，或未参加实践锻炼或实践锻炼考核不合格的初、中、高级职称专业课教师，不能申报晋升高一级专业技术职务”，说明高职院校认识到教师企业实践的重要性。“教师企业实践是职业院校教师社会服务能力的体现，是‘双师型’教师认定的依据，是专业技术职务晋升的前提，是学校‘双高’建设的一项指标。各教学单位务必铺好路、把好关，让教师真正深入企业，下沉到一线，出成效、出实效，保证专业教师每年至少 30 天的在岗实践时间，实现专业课教师 5 年一周期的全员轮训目标。”在具体的时间上，各高职院校稍有区别，大多为 5 年一周期，部分高职院校要求新教师入职两三年内完成不少于两个月的企业实践，其他教师五年不少于 6 个月。

教师对企业实践的态度如何？大多数教师对企业实践表示赞同。《教师企业实践管理办法》如果能够深入推行的话，是非常有利于教师提高实践水平和能力的。教师能够了解企业一线的情况，将之带入课堂，使学生了解岗位需求和操作流程。当然实践锻炼选择的企业非常重要，要选知名的企业、专业对口度很高的企业。关键还要看教师的内生动力激发得够不够(J03-20-20240920)。

我觉得学校的《教师企业实践管理办法》是一项非常重要的举措，对“双师型”教师的培养有很大的帮助。学校为我们提供了一个深入企业、了解行业实际的正规途径。通过规定教师到企业实践的时长、方式等，确保教师能够真正接触到企业的生产经营活动，获取第一手的行业资料。这对于教师将行业知识融入教学是至关重要的。同时，它有助于加强学校与企业的联系。教师在企业实践过程中可以与企业人员建立良好的合作关系，促进双方在人才培养、科研合作等方面进一步交流与合作，实现产教融合的深化(J06-1-20241009)。

也有部分教师表示对于企业的选择以及考核评价的方式需要认真研究，确保取得实效。第一，教师一般不太愿意下企业，主要关心如何考核。如果是浅层次的考核，如考核时间、地点，考核不到深处，那实践成效不大。关键实践要有产出，是结果导向的考核，但是教师能不能正儿八经地沉下去有收获，需要学校制定详细的考核办法。有些教师那么多年习惯了浮于表面，因此要取得成效，最后验收的时候，要有量化的东西，要有双方签字，必须把考核的过程严肃化，否则只是一场走秀，恶性循环。如果企业愿意接受我们，我们真正地融进去，在这个地方就会有成就感，有收获也愿意干。就怕是学校一头热，企业认为教师来凑热闹、添乱，根本不让教师参与。第二，教师会的那些是否正好对企业有帮助，把教师会的教给企业，企业会的教给教师，就是双向奔赴。教师先考虑自己到企业能给人家什么，人家也愿意接受，把教师在企业实践时做的事情列个清单，同样也可以作为评价的借鉴材料，最关键的是实践与考核要落到实处（J01-20-20240830）。

部分高职院校《教师企业实践管理办法》中对教师参与的实践企业单位有要求，如“需为我校专业建设联盟的成员单位、与我校有校企合作协议的单位或经我校认定的‘双师型’教师培养基地”。

企业对于教师参与企业实践的态度是怎样的呢？企业是欢迎教师来的，因为企业不用支付报酬，而且教师的学历较高，至少是研究生，起点是非常高的，也是很优秀的，学习能力很强，比方说别人经历一年两年后能胜任一个工作，他在一个月两个月就能胜任一个工作，可以独当一面去做一件事情，并对设备的更新提出一些建议。但是有一个前提条件，他要放得下架子，愿意学习。有的老师“眼高手低”，你跟他交流沟通的时候，他分析得头头是道，但一旦做起来就做不好。教师在企业中可以从底层做起，或者说做一些最基础的事情。最起码教师可以从事一些技术方面的工作。如果他愿意学的话，是能在企业里真正学到东西的（Q01-25-20241028）。

对于教师下企业，我们是支持的。我们做的产品比较特殊，在试做时是不允许任何外部人员来到我们的产线的，产线属于保密区。研发结束，量产的时候是欢迎教师的。我们现在也有很多校企合作的学生。教师来学习后，更加了解现代化的生产技术和实际管理。教师之前接触的机台型号可能不是现在市面上通用的、最新的。教师从我们产线离开回到学校之后，会把在企业学习的经验运用到人才培养上，无论是技术上还是企业文化上都能很好地宣传，这样培养的学生一定是满足我们企业需要的。另外，教师其实在专业领域非常强，希望他们能够发现我们产线上的一些技术难题或是管理上的问题，并给我们指出来（Q03-17-20241030）。

此外，教师的教学能力与科研能力不一定同步。职业院校作为培养应用型人才和提供社会服务的重要平台，其教师队伍的素质和能力直接影响到新质生产力的发展。当前，高职教育教师在教学和科研两个方面的发展并不均衡。教师在教学方面承担着培养学生专业技能和职业素养的重任，但在科研领域，教师投入的精力和产出的科研成果并不成正比，教师科研能力的不足不仅限制了教师个人职业路径的拓宽，也削弱了高职院校在科技创新和技术服务方面的竞争力。

企业人员建议：组织企业技术人员和学校教师共同开展科研项目，促进科研成果转化。例如，联合开展关于新型软件开发方法的研究，将研究成果应用于企业的实际生产中，同时也为学校的教学提供新的案例和技术支持(Q02-10-20241029)。

四、企业高技能人才进入职业院校路径有待通畅

在职业教育领域“双师型”教师队伍建设中，企业高技能人才在其中发挥了重要作用。此类人才将丰富的实践经验与专业技能融入职业院校教学体系，不仅能够显著提升专业实践课程的教学深度与实效性，还能有效引导学生参与并深化创新实践活动。依据2019年教育部等四部门联合发布的《深化新时代职业教育“双师型”教师队伍建设改革实施方案》文件精神，自2020年起，职业院校对专业教师提出了具备企业工作经历的明确要求。但是，产教“融而不合”、校企“合而不作”的现象仍然存在；职业教育与产业及企业深度融合、紧密合作的长效机制还没有完全形成；校企间双向交流机制尚显滞涩，人才需求供给侧与产业发展需求侧之间的融洽度还需要进一步提升；产业企业全面、全方位、全过程深度参与职业教育的主动性与积极性仍有待提高。

调研数据显示，部分地区职业院校中青年教师构成趋于单一化，高达91.25%的教师群体直接由校园至校园，缺乏必要的行业实践经验。[①] 高技能人才向职业院校流动的过程中，遭遇了来自政府、学校、企业及个体层面的多重障碍，包括政策执行不力、经济成本考量、人才流失风险及教学动力缺失等，具体表现为管理缺失、经济门槛、企业顾虑及个体意愿不足等复杂问题。[②] 校企双向流动机制未能充分发挥作用，导致教师队伍中具备企业背景的比例偏低，难以满足产业实践导向的教学需求。

此外，职业院校与专业技术人才之间的信息交流存在显著偏差与不对称现象。尽管职业院校积极通过互联网平台发布招聘信息，但这些信息往往迅速淹没于海量数据之中，难以有效触达潜在求职者。同时，具备专业技能的人才也面临信息获取渠道有限的问题，难以全面把握职业院校的人才需求动态，从而加剧了供需双方的信息隔阂。

因此，高职院校如何结合地方产业布局、经济形势、区域优势、人才定位以及院校自身发展特色有效吸纳高质量技术技能人才参与职业教育教学、人才培养，

---

① 崔翠.高职院校青年教师专业发展的影响因素与实现策略[J].职教通讯，2023(4)：87-91.

② 朱爱国.企业能工巧匠到职业学校担任兼职教师的现实困境及破解策略[J].中国职业技术教育，2022(30)：5-13.

助推地方新质生产力发展，仍是一个急需探讨与解决的现实问题。

对于企业兼职教师和产业教授在学校承担怎样的角色与发挥怎样的作用，受访者纷纷表达了自己的观点与看法。其实他们没有发挥多大作用。按道理来说，我们教师缺的东西，企业正好可以弥补，这是非常好的，人家也需要存在感，但是我们现在教师多了，每个教师上的课就少了，能给兼职教师上的课就更少了。同时，我们也要考虑学校、教师能为企业做什么，才能形成校企合作的长效机制。学校要将企业兼职教师的工作作为考核学院工作的重要指标，否则学院一定会优先完成学校指标。企业兼职教师也要选优秀的，如技术能手、能工巧匠等，才能发挥更加积极的作用。

企业兼职教师和产业教授在学校教育教学、实习实训、产教融合等方面承担着重要的工作任务，并发挥着显著作用。他们的加入不仅提升了学校的教育教学质量和科研实力，还推动了产教融合发展，为学生就业提供了更多的机会和保障。学生在课堂上就能了解真实的企业是什么样子。因为学校的教师不下企业，根本不了解企业的真实场景，即使下企业，短时间内肯定不如他们获得的信息多(J02-2-20240915)。

同样，企业兼职教师的培养也面临着严峻的困难与挑战。比如，存在认定标准与激励机制不完善、师资来源相对单一且引进难度大、培训体系不健全以及社会认可度低等问题。解决这些问题，需要政府、学校、企业和社会各方面共同努力，加强政策支持，加大资金投入，完善认定标准和激励机制，拓宽师资来源渠道，加强培训体系建设和校企合作，提高社会对职业教育的认可度和支持度(J02-2-20240915)。

兼职教师身份认同与激励机制缺乏，高职院校对兼职教师的激励机制不健全，如缺乏合理的薪酬体系、晋升机会、培训支持等，导致兼职教师参与教学工作的积极性和稳定性受到影响(M01-1-20241011)。

高职院校“双师型”兼职教师往往在企业有着本职工作，他们需要在完成企业工作任务的同时兼顾学校的教学等相关工作。这就可能导致教师时间上难以协调安排，无法全身心地投入学校的教学。另外，学校与企业之间的沟通和协作机制不够完善。比如在兼职教师的选派、培养方案的制定、实践教学环节的安排等方面，可能出现信息不畅、协调不一致的情况，从而影响“双师型”兼职教师的培养效果。同时，对于“双师型”兼职教师，无论是学校还是企业，激励与保障机制都不太完善。从学校角度来看，学校可能缺少有足够吸引力的待遇、福利或者职业发展政策来鼓励兼职教师积极投入培养提升活动。从企业角度来看，部分企业可能担心兼职教师过多投入学校工作会影响本职工作，从而没有给予相应的支持，甚至少数企业可能会限制兼职教师参与学校相关培养活动的时间和程度。缺乏有效的激励与保障机制，使得兼职教师在培养过程中缺乏足够的动力和支持(J06-1-20241009)。

少数企业表示支持员工到学校兼职，但不鼓励。因为我们是生产制造型企业，工作是非常繁忙的，在保障工作的情况下，企业当然是鼓励的(Q03-17-20241030)。

对于企业兼职教师，许多受访者都表示需要进行专门的教育教学能力培训。很多从企业过来的老师，我觉得上课存在一些问题，包括我们自己招聘来的，需要进行相关培训(J08-16-20241024)。部分企业兼职教师素质不高，主要由于一些地域劣势，高素质的企业兼职教师很难找。对于教学管理，企业人员没有概念，要对他们进行培训(J03-20-20240920)。虽然这些兼职教师有着丰富的企业实践经验，但教学毕竟是一项专业技能，他们中的许多人并未接受过系统的师范教育或教学方法培训，因此在教学设计、课堂管理、教学方法运用等教学能力方面相对薄弱。而学校可能缺乏针对他们的个性化教学能力提升培训体系，难以快速、有效地帮助他们提升教学水平，使其能更好地将自身的实践知识传授给学生(J03-20-20240920)。

学校教师上课时统一收学生的手机，对学生管理是比较严格的，而企业兼职教师对学生的管理比较松，学生就会觉得两个标准。令我们没有想到的是，一些教师越来越不想上实训课，因为企业兼职教师都在上实训课，实训课一上就要上一周，但未来企业兼职教师上课肯定会变少，同时对教师的操作技能也有要求，教师会觉得自己搞不定(J10-28-20241022)。

企业人员也表达了同样的观点。企业兼职教师本身在企业有工作，任务繁重，很难抽出大量时间参与学校的培养计划。同时培养资源有限，培训基地难以满足需求。“双师型”兼职教师需要在真实的工作场景和教学场景中不断转换角色并进行学习，但很多学校和企业合作建立的培训基地数量不足，设备更新不及时，“双师型”兼职教师很难取得长足进步(Q02-10-20241029)。

第四章

高职院校“双师型”教师国际比较研究

随着技术技能人才在经济社会发展中的作用愈加凸显，职业教育在推动社会进步中的价值日益显著。因此，众多发达国家和地区均将职教师资队伍的建设视为重中之重。自20世纪以来，职业教育教师逐渐步入了高度专业化的发展轨道，成为不可或缺的专门职业。不同国家和地区形成了丰富多样、各具特色的职业教育发展模式。各地对教师的培养重点和培养策略均有所不同，呈现出多元化的态势。深入分析这些差异，提炼并总结其中的有益经验，同时结合实际情况进行本土创造性转化，无疑能为我国高职院校“双师型”教师培养提供宝贵借鉴和有益启示。

第一节　德国职业教育教师队伍建设

德国职业教育体系与双元制职业教育模式相呼应，职业院校的师资队伍由两大核心群体构成：一是职业学校教师，二是企业培训师。职业学校教师队伍内部又可细分为理论课教师与实践课教师两大类别。理论课教师的培养路径较为严谨，一般历经两个阶段的学习深造，并最终通过国家统一组织的考试，方能获得从业资格。相较于理论课教师，实践课教师在职业学校教师队伍中的占比相对较少，其选拔与聘任工作由职业学校自主负责。实践课教师需至少接受过普通中小学教育与职业教育，并通过师傅或技术员培训考试，此外还需参与为期1～2年的职业教育学培训，内容涵盖心理学、教学法、教育学等方面。

企业培训师则肩负着在企业内部制订培训计划、组织培训实施及监督培训效果的重任。他们负责对职业学校的学生进行实践操作方面的培训与指导。在培养、检查及审核（含考试）企业培训师方面，行业协会扮演着至关重要的角色，如工商行业协会、手工业行业协会、农业行业协会等经济组织均参与其中。

一、德国职业教育师资培养现状

德国职业教育不同专业的教师所接受学习的课程设置以及时间内容上有所不同。成为一名职业学校的教师需要经历两个阶段，一是大学教育阶段，二是大学讨论课实习预备阶段，都要经过国家组织的考试来检验他们是否具备了职业教育教师所需要的理论知识及专业能力。理论考试合格后，方可进入第二阶段的实习。

(一) 大学学习阶段

德国职业学校教师的大学学习阶段主要是大学师范教育,需要经过7～9个学期,也就是3年半到4年半时间。在这一阶段所有学生必须学习两门专业:一是职业技术型专业,也就是将来可能从事的专业领域;二是基础科学教育,如数学、物理、德育等。除此之外,学生还要学习教育科学以及未来拟从教专业的教学,然后参加第一阶段国家考试或硕士毕业考试。只有通过这次考试才能进入第二阶段。也就是说,在大学教育中他们学习主修专业,如将来所从事的机械、制造、电器以及一门辅修专业,如数学、体育、物理等基础学科,同时还要学习基本的教育教学理论知识及教学方法。

此阶段学校教育的主要方式是讲课、练习、研讨、实习,他们的学习是开放的,学生可以根据教授开设的课程进行选修,修满学分即可。课程的选择也是灵活的,但是一旦选定,就要达到规定的质量要求。

(二) 实习预备阶段

第二阶段的实习预备主要在教育学院进行。除了通过第一次国家考试的学生,一些职业界想从事职业教育的人也会参加培训。他们在这里历经两年半的教师培训,就可以参加第二次国家考试。任何有大学毕业5年及以上工作经验的都可以来教育学院参加培训。教育学院主要是理论教学,特别重视理论的应用性,强调运用理论知识来解决实际问题,通常会采取研讨、分组讨论、互动式教学、角色扮演等教学形式,目的是使学生通过多种信息来源构建自身的能力,使自己具备一定的专业知识,并能运用到实践中去。

在这一阶段预备教师要在指导教师的帮助下到实习的职业学校旁听,学习专业课教师所运用的教学方法,第二学期可能会进行独立讲课,第三学期每周独立授课应不少于12学时。

二、德国“双元制”职业教育教师培养模式

(一) 德国“双元制”职业教育教师培养阶段

德国职业教育教师培养过程是系统化的,就是将教师的成长与发展视为一项系统工程,持续为教师提供培训。首先,职前培训主要就是上述所说的两个阶段,大学教育阶段及实习预备阶段。其次,继续教育。德国职业院校教师参加工作后还会进行第三阶段的培训,参加培训是教师必须履行的义务。最后,为了确

保职业院校师资质量，德国制定了成熟、完善的考核和评价制度，规定教师每两年必须脱产进修一次，并将脱产进修与工资待遇、职务晋升等挂钩，激发教师参与进修的积极性，不断提高教师队伍的知识水平、实践技能，提升活力。

德国的“双元制”对人才培养提出了较高的要求，同时对职教教师的素质也提出了严格的标准与要求。其重视教师的教育教学实践及技术技能，同时对教师实行全面的、动态的、持续的考核与评价，以促进教师的专业化成长。

（二）德国的职业教育教师“专业标准”

德国教育体系在 16 个“职业性专业”范畴内为教师提供了全面的职前培养。德国职业教育教师培养涵盖专业科学与教育科学两大维度，其教育标准的制定也紧紧围绕这两个维度展开。2008 年，德国州文教部长联席会议（KMK）着手制定了针对各类教师的“专业标准”。随后，在 2013 年，KMK 又逐步启动了针对职业学校教师的“专业标准”开发工作。值得注意的是，德国职教教师的“专业”并非指传统意义上的“教师专业”，而是源自对职业教育专业的归纳与提炼，具体涵盖了职校教师教育的 16 个“职业性专业”。在 2013 年至 2019 年间，KMK 相继发布了 16 个“职业性专业”的详细标准。这些标准从专业科学与教育科学两个视角出发，形成了一个完整的体系，共同构成了德国职教教师教育课程认证与评价的重要依据。其中，从专业科学视角出发制定的“专业标准”尤为关注教师在专业及专业教学两方面的能力，因此在一定程度上可以被视为德国专业教师的“双师型”标准。依据这一标准，德国在职前阶段就对教师的“双师素质”进行了系统化的培养。

德国职教教师的“专业标准”框架缜密，由三大核心要素构成：专业特性界定、专业能力要求及专业学习范畴规划。在“专业特性界定”层面，首要任务是凸显各专业的独特属性与定位，详尽阐述其在技术革新、工作领域演变趋势中的独特贡献，譬如工业技术类专业，其特性被鲜明地概括为“高度的专业精深性与技术发展的动态性”，进而明确了该专业在技术服务、经营范畴内的精确定位，并指明了其所属的职业教育分类范畴。随后，该部分深入剖析了专业所依托的经典专业科学及其跨学科关联，勾勒出作为未来职业技术人才所需涉足的职业活动领域及其相应的职业能力框架。此举深刻体现了职教师范教育所特有的“双对象性”特征，即既面向学生也面向职业实践。进而，“专业能力要求”部分聚焦于教学层面的特色阐述，强调未来教师需具备的能力，包括能够深刻剖析并巧妙设计与职业实践及技术革新紧密相关的职业教学过程。这一要求凸显了教学实践与职业需求深度融合的教育理念。最后，“专业学习范畴规划”着眼于师资专业的未来发展路径与重点设置，以机械技术专业为例，提出了诸如生产制造技术、供给技术、车辆技术等潜在的深化方向，为职教教师的专业成长与学术探索指明了方向。

从整体来看，德国职业学校教师教育的“专业标准”在描述学习内容时，显著地展现了跨领域知识整合的特质。它不仅涵盖了专业科学领域内的知识，还囊括了职业活动领域的相关知识，同时触及了针对该专业所特有的教学知识。在能力要求的部分，该标准着重描绘了如何将专业与职业知识有效地应用于教学实践之中，而这一切的最终归宿，则聚焦于提升教师的专业教学能力。这一标准充分体现了专业性、职业性与教育性三者之间的高度融合，即所谓的“三性融合”特征。①

第二节　澳大利亚职业教育教师队伍建设

澳大利亚职业教育师资主要由专职和兼职两种人员组成，以兼职为主。专职教师都是有实践经验的专业技术人员，一般不会从应届毕业生中选聘，在选聘时教师的学历要求不会放在第一位，但要具备三个基本条件：第一，大专以上文凭且具有教师资格证；第二，有澳大利亚教师认证体系中的 4 级资格证书；第三，拥有 3～5 年的行业企业工作经历。

一、澳大利亚职业教育师资概述

澳大利亚特别重视教师是否具有实践经验以及生产、建设、管理、服务一线的工作经历，要求教师具有理论和实践相结合的能力。

（一）教育教学能力与行企经验并重

高等院校负责培养高学历的师资。企业中有专业技术特长的人员会在高等院校接受教育教学能力的培训。新教师在学校开展教学工作的同时，还会到教育学院进行 1～2 年的进修学习，以取得教师资格证。这点值得我们借鉴。新教师在教育教学能力方面可能会有所欠缺，接受 1～2 年的专门培训，有助于新教

① 谢莉花，唐慧．增量提质：高质量发展背景下德国职教教师教育的应对之策[J]．当代职业教育，2023(4)：78-90.

师积累教学经验、掌握教学方法、了解教学实践,更好地提升自身的教学能力。

职业院校还要求每位教师一年中有两周以上的时间到企业参加培训学习,这样就能够根据企业的需求设置课程、改进教学方法,培养应用型人才。同时,政府和院校会对参与企业培训进修的教师给予奖励,以提高教师的积极性以及教师队伍的整体素质。

(二) 行企等机构对职教师资队伍建设作用突出

企业和产业界参与职业院校教育教学全过程,这是澳大利亚以及德国职业教育师资队伍质量高的重要原因。另外,职业教育也体现出以企业需求为导向的教育教学理念,人才培养方案是在行业指导委员会的组织下,由企业、行业专业技术人员经过调研分析总结而制定出来的。学校根据行业、企业的需求培养相应的人才。

职业院校教师每周到企业兼职锻炼 10 小时,承担企业的相关任务,融入企业的生产管理经营氛围及企业文化。同时,政府鼓励行业企业技术人员作为兼职教师到学校授课、举办讲座,加强企业与学校之间的联系。企业还会免费接纳职业院校教师到企业参加培训实践,与学校教师一同探讨职业教育的改革和发展,帮助职业院校培养一批理论基础扎实、实践能力强,同时了解、满足企业生产管理服务需求的教师团队。行业企业也因此拥有了一支相对稳定的专家队伍,能够帮助企业解决生产实践技术难题等。学校和企业优势互补,共同发展。因此,澳大利亚职业教育的成功得益于政府重视、企业支持,建立了重视教师队伍培养的管理体制。这对于我国职业教育的发展、“双师型”教师队伍的建设具有重要的借鉴意义。

二、澳大利亚 TAFE 学院师资培养模式

澳大利亚 TAFE 学院分为公立和私立两种,主要由地方政府管理。TAFE 学院与大学不同,如课程从几个学时到 2~3 年不等,有证书、文凭、高级文凭等不同类型的课程,学习形式也是由学生自主选择,有白天上课、晚上上课、在线上课等形式,学生在中断学习后还可以自主选择回来上课。学院内全日制学生并不多。学院对社会上各种类型的人都是免费开放的,提供正规教育、非正规教育、职前职后全日制、非全日制等各种类型的教育形式,学生可以根据自己的职业特点、工作情况、学习兴趣自由选择。同时,TAFE 学院还通过各种形式的在线教育提供教育和培训。

TAFE 学院提供的专业证书有初级证书、技术证书、操作技能证书、高级技

术证书、文凭证书和高级文凭证书等6个等级。学生可以根据自身需要选择不同等级的教育和培训，可以分层次、分阶段逐步进行。TAFE学院不仅为社会上各种类型的人员提供了充足的学习培训机会，同时也为自身吸引、招揽了大量生源。具体的课程内容由企业专业团体、学院和教育部门根据行业产业发展需要以及企业提供的需求信息，根据岗位的技能要求和能力标准来确定，同时根据市场变化不断修订完善，强调培养学生的应用能力和可迁移能力。TAFE学院的教师具有较高的理论知识水平和实践技能，特别重视知识与生产的紧密结合。

（一）TAFE学院教师培养的特点

第一，严格的教师准入制度。教师至少要有3～5年与专业教学相关的行业企业工作经验。如果年龄在35周岁以上，需要有十几年的工作经验，同时要有教师资格证及所授专业的大学本科文凭。如果是新进教师，要有硕士学位及一定的基础理论知识，同时有教育专业的本科文凭，以保证基本的教育教学能力。教师要经过师资培训并取得相关证书，以保证教师有灵活可操作的教学实践技能。

第二，完善的在职教师培训制度。学校鼓励教师参加各种类型的知识讲座和培训，一般要到教育学院进行专门的师资培训，学习教育学、心理学等相关课程。教师还要进入相关行业，参加专业协会的活动，更新技能，了解相关行业企业生产信息，从而反哺到课程教学中，同时还必须熟练掌握教学方法。

第三，专兼结合的教师队伍。全职教师必须有大学本科学历，兼职教师主要来自企业或者是在企业工作过的技术人员。兼职教师会和学院签订合同，但合同一般是短期的，在合同期内兼职教师必须全天在校工作。

（二）TAFE学院师资培养的途径

主要有专职教师和兼职教师两类。一方面，高等院校主要培养专职教师，其中大学主要提供理论根基、学历资格和学术研究支持，帮助教师理解教育规律并提升专业深度。高等教育学院则聚焦于专业实践技能和教学实操训练，以确保教师能够有效传授职业技能。专职教师具备高学历、较强的教育教学能力以及较丰富的专业实践经验。另一方面，通过社会选聘，一些来自企业的具有丰富实践经验的专业技术人员通过接受师范教育而成为TAFE学院的兼职教师，他们一边在职业院校授课，一边到大学教育学院接受为期1～2年的师范教育，从而取得教师资格证。专职教师和兼职教师优势互补，提高了教师队伍的整体水平。学校一般采用教师聘任制。澳大利亚政府非常重视师资培训，采用灵活多样的形式开展新教师上岗培训，给教师提供进修和企业培训的机会。

（三）行业企业在教师培训中所承担的角色

首先，专业课教师会定期到企业一线实践。他们是具有 5 年以上企业一线工作经验的技术人员，还要定期到企业一线回炉。专家考评教师实践效果，实践环节不合格的教师将不予续聘。专业课教师每年都要去企业实践一次，真正具备“双师型”教师的基本素质，而学生也能够通过教师学到真正的工作技能。专业课教师及时更新知识和技能，了解专业技术发展方向，同时了解企业生产情况、劳动力市场情况，为课程设置、教学改革以及学生的就业、实习实训提供充足的信息。

其次，TAFE 学院聘任企业的专家担任兼职专业教师。兼职教师的职责不仅仅是授课，还要给专职教师传授技术经验、开设学术讲座。企业专家可以给学校带来大量的技术发展动态和人才需求信息，让学校了解真实的工作场所和生产实践及就业市场信息。学校还会把兼职教师的学术水平纳入企业工作业绩考核，不断提高学术讲座的水平。同时，澳大利亚有一套完整的专兼职教师信任管理的工作机制，能在专兼职教师间搭建起良好的沟通桥梁。

最后，部分教学和实习会在企业一线开展。有些学生专业课放到企业实验室里开设，借助于企业一线工作环境开展实习教学，能让学生近距离感受企业真实的生产管理环境，校企合作更加紧密和高效。

第三节　国外职业教育师资培养的借鉴与启示

德国、澳大利亚职业教育以及“双元制”、TAFE 学院的师资培养经验及举措值得我们深入学习并开展本土化实践。德国要求职业院校的教师必须经过高等教育学院学习，掌握教育学、心理学等相关教育教学基本理论知识，并且有 5 年以上行业企业工作经验，经过国家专门考试并取得职业资格证书。职业教育的专业教师要拥有两个行业的资格证书以及教师资格证和专业技术资格证书，这是“双师”素质的基本条件。这些都对我们在新质生产力背景下开展高职院校“双师型”教师的培养提供了有益的借鉴与启示，具体有以下几点：完善高职院校“双师型”教师培养的保障机制，构建高职院校“双师型”教师培养的职前职后体系，完善高职院校“双师型”教师培养的制度建设等。

一、完善高职院校“双师型”教师培养的保障机制

（一）提高高职院校“双师型”教师的社会认可度

我国经济正处于健康且快速的发展轨道上，对大量高素质技术技能型人才产生了迫切需求。而这离不开一支高素质的“双师型”教师队伍。他们不仅承担着传授专业技能的重任，更是国家技能传承与创新的重要力量，理应得到政府的深切关怀与全社会的广泛尊重。

因此，全社会要转变观念，深刻认识到“双师型”教师在职业院校中的核心作用，以及他们在推动我国社会经济持续、快速发展中的重要作用。政府应通过多种途径提升职业院校教师的社会认同感，将“双师型”教师的地位和作用提升至“技能兴国”的战略高度并进行广泛宣传和推广。

同时，应通过树立先进典型、在教师节等重要时间节点或重要场合大力表彰职业教育“双师型”教师（先进单位、个人）等方式来宣传职业教育和高素质技能人才在经济发展中的重要作用，促进全社会对专业技能的重视和对技能型人才的尊重，同时激励专业教师向“双师型”教师看齐，进而形成一股争当“双师型”教师的热潮。

（二）加强高职院校“双师型”教师的区域交流与国际化能力培养

东中西部地区之间、省与省之间、县域之间的职业院校应互帮互助，教育发达地区的职业院校可派教师到教育欠发达地区的职业院校进行指导和帮扶。职业院校的发展还要与国际接轨，通过开展国际交流与合作培养“双师型”教师的国际化能力，有利于开拓教师事业，提升教师的合作能力、创新能力。

（三）重视兼职教师队伍的建设

德国、澳大利亚都会从社会中大量选聘专业技术人员，经过师范教育培训而使之成为职业院校的兼职教师。高职院校要优化师资结构，企业兼职教师应将企业行业最新的生产实践需求带入学校，革新人才培养模式，实现教学和生产研究、社会实践相结合。为建设一支相对稳定、结构合理的兼职教师队伍，政府要不断优化企业人才柔性引进机制，出台鼓励政策，吸引更多企业技术能手进入学校担任兼职教师，与职业院校教师进行理论和实践的交流，更好地促进专业课教师向“双师型”转化。建立兼职教师的规范性管理制度，目前还缺乏国家宏观政策上的保障。

二、构建高职院校“双师型”教师培养的职前职后体系

目前，我国“双师型”教师培养途径主要包括职前的专业训练和在职的继续教育，也就是教师的职前培养和职后培训。

(一) 构建多种职教师资的培养模式

我国最初成立的8所职业教育高等院校分别为天津职业技术师范大学、河南科技学院、江西科技师范大学、河北科技师范学院、广东技术师范大学、安徽科技学院、江苏理工学院和吉林工程技术师范学院。自2015年以来，又新增了4所独立设置的职业技术师范学院，分别为广西科技师范学院、滇西科技师范学院、广西职业师范学院和福建技术师范学院。同时很多综合大学、师范大学也加入了培养培训职业技术教师的行列，但仍不能满足全国1 613所职业技术学院师资的需要。因此，需要构建多种职教师资的培养模式，借鉴德国和澳大利亚“双元制”、TAFE学院的职教师资培养路径，鼓励企业技术人员到教育学院接受1～2年的教育教学能力培训，从而成为一名合格的职教教师。

(二) 健全“双师型”教师职后培训体系

随着新质生产力的不断发展，新工艺、新设备、新标准不断涌现，职业院校的专业教师必须更新专业理论知识、实践技能，才能把最新的知识和技能融入教学工作。因此，从这一层面上来说，“双师型”教师的认定只是阶段性的，有时效性，必须进一步完善“双师型”教师的职后培训体系。

职后培训指对已经取得教师资格证书，且经过培训满足岗位要求的教师进行更新知识结构、拓宽知识面、提高知识水平和专业技术能力的再教育。

1. 树立明确的目标

培训要致力于帮助教师进一步更新教育理念、丰富专业知识、提升专业能力。职后培训应面向全体教师，侧重于教师整体素质的提升，通过培训帮助教师进行反思和分析，以终身学习理念为指导，关注每一位教师成长的个性化发展路径，突出培训的针对性、实效性和专业性，特别要注重激发教师的主动性，建设一支专业化水平较高的“双师”队伍。

2. 立足校本培训

职后培训应以教师所在单位为基本培训单元，提高教师的教学能力。目标是解决教师在教育教学专业发展中遇到的困难，可以以校内教师“老带新”形成团队，同时聘请校外教育教学专家或企业技术能手来指导理论和实践。特别要

重视青年教师实验实训能力的提升。新入职教师往往缺乏企业工作实践经验，更应在立足学校的基础上开展企业实践活动。例如，德国、澳大利亚的研究生除完成规定的理论教学任务外，必须到实验实训室熟悉本专业涉及的各实践环节以及仪器设备的使用，同时由经验丰富的骨干教师指导其操作设备、了解规范流程，完成实验实训教学的准备、指导考核等工作，为骨干教师担任助手，积累教育教学、实习实训的实践经验。

3. 设置企业“双师型”培训基地

学校将教师送到企业或科研院所顶岗锻炼。一些高职院校规定教师每 5 年必须有累计不少于 6 个月的时间到企业或生产服务一线实践，且将教师在企业工作时间视同为教学工作量，并长期严格执行下去。高职院校应根据教师的年龄、学历、经历，制订有针对性的培训计划，以学习新知识、新技术、新工艺、新方法为主要内容，组织教师去新质生产力相关的企业进行培训实践，提高“双师型”教师的专业技能。

三、完善高职院校“双师型”教师培养的制度建设

学校要制定政策，鼓励教师积极参与企业培训，随时与企业保持业务往来和信息沟通，了解企业一线生产实践的真实情况、人才需求政策，将这些信息带到课堂中，使学生了解到企业和产品的最新信息，同时参与企业的员工培训，推动校企之间的文化交流。可以试行访问工程师模式，每年寒暑假安排教师到专业对口的企业挂职锻炼、开展合作研发，及时了解专业对应职业的生产现状和发展趋势，丰富实践经验，增强实践技能。

(一) 建立健全“双师型”教师队伍的激励机制

以现代激励理论为基础，考虑“双师型”教师内外部需求，采用多种激励手段引导规范教师的行为。提高“双师型”教师的收入，以吸引更多人加入职教教师队伍，同时对那些能力强、贡献大的“双师型”教师给予专门的津贴，加大奖励力度，由此形成激励机制，鼓励普通教师不断提高自身的素质，进而成为一名优秀的“双师型”教师。如此“双师型”教师也会感到无形的压力，更增强了他们的责任感和使命感。因此，政府要出台相应的政策，制定科学合理、切实可行的教师薪酬制度。

(二) 提高“双师型”教师在学校的地位

对于评上高级、中级、初级的“双师型”教师个体，特别是企业兼职教师，可以

单独聘任，在职称评选、人才选拔等方面可适当倾斜。

（三）推进“双师型”教师职务聘任制度的改革

职业院校可以根据职业教育的特点，为“双师型”教师建立独立的职称晋升通道，明确初级、中级、高级不同类型的任职资格、职称评定条件。目前，教育部已颁发《职业教育“双师型”教师基本标准（试行）》，对初级、中级、高级“双师型”教师的资格与条件进行了明确的界定与说明。职业院校要把教师深入企业实践锻炼作为资格评审的重要依据之一。毕业于非师范专业的入职教师，必须接受一定时间的教育教学相关培训。行业企业技术能手转入职业院校承担教学任务的，同样要接受教育教学理论及实践培训，以提高教学的有效性。

第五章

新质生产力背景下高职院校“双师型”教师培养体系研究

新质生产力不是一窝蜂把所有产业都改造升级成新兴产业，也不是要放弃未来产业、忽视传统产业，而是应该因地制宜、分类发展。不是所有高职院校、所有专业都要服务于新质生产力，也不是所有专业都要服务于高端产业、产业高端。高职院校应该结合地方经济社会发展趋势强化类型特色，既关注新兴产业，又关注传统产业升级以及生活服务等美好产业的发展。

因此，高职院校必须立足地方实际，紧贴区域产业发展持续发力，深化产教融合，促进创新链、产业链、资金链、人才链深度融合，因地制宜、因产制宜、因校制宜。高职院校教师要主动将代表新质生产力方向的产业技术、产业文化、产业需求融入教育教学改革，服务于技术技能型人才培养。本章主要从培养机制、培养策略、培养路径出发，构建高职院校“双师型”教师培养体系。

第一节　新质生产力背景下高职院校“双师型”教师培养机制

机制，原指机器的构造和动作原理。现代教育学把教育视为一个整体，认为它是由若干相互区别、相互联系又相互作用的工作部门组成，处于一定环境之中为达到整体目标而存在的有机集合体。教育运行机制，指的是教育系统内在的工作原理和方式，它直接体现教育对其内外部条件变化的适应、调节、控制能力。[①] 本章主要从宏观上构建培养“双师型”教师的原理和方式，意在培养“双师型”教师的教育家精神、工匠精神、新型教育教学能力、数字素养以及实践能力。

一、聚焦先进制造业，探索“双元”产教融合新机制

高职院校应助力地方经济社会发展，主动面向区域经济社会一体化发展研究部署，同地方政府建立协同治理机制，加大与区域主导产业的联动，共同培养高职院校“双师型”教师，为因地制宜发展新质生产力筑牢人才基础。

（一）“双元”共创“双师型”教师培养模式

高职院校可以主动加强与所在园区政府的合作，签订全面战略合作协议，构

① 宋书文，梁全进. 现代教育学[M]. 南宁：广西人民出版社，1996：525.

建党建联盟引领、园区政府主导、校企深度合作的校园-园区“双元”融合办学新机制，政校协同“零距离”服务职教师资培养、产业人才发展。

学校与园区政府积极构建协同创新模式，建立高职院校与园区企业联合培养高技能人才的制度，实现课堂教学内容与企业实际需求的紧密对接。鼓励园区典型企业与学校联合制订高技能人才教育培养计划，给毕业生提供合适的岗位，让高校毕业生能真正服务于地方优势产业集群的发展。同时，根据培养专业方向和技术工人涉及领域，对招商项目进行精准聚焦，对产业布局进行优化调整，实现高职教育与科技应用转化的融合发展。

职业教育作为培养技术技能人才的主阵地，与产业发展应具有高度同构性，要充分发挥职业教育在培养新质生产力所需的高素质技术技能人才中的主体作用，牢固树立专业对接岗位的发展理念，大力提升人才培养质量。

（二）“双元”共建“双师型”教师实践基地

建设“双师型”教师队伍，必须实现教师的能力结构由知识型向技能型转变，教学方式由传统灌输式向实践转变，教学内容由封闭式向开放式转变，这就要求教师积极参与企业实践，学习具体的生产实践技能、管理科学知识，并与科研院所合作，共同承担科研课题。另外，学校要聘任企业、科研单位的优秀技术科研人员、管理专家担任兼职教师，与校内教师合作开发实践项目，共同开展科学研究、编写教材、开发课程、建设实训基地。学校与园区政府建立全面、深度的产教融合机制，培养、提升教师的生产实践能力。实施产教融合、科教融汇是培养具有“双师”素质教师的高效途径。

（三）“双元”共推“双师型”教师社会服务

“双师型”教师应聚焦服务区域内中小微企业的生产工艺改进与提升，发挥技术技能创新平台的优势，围绕中小微企业技术发展和转型升级的需要开展应用型研究。一方面，关注园区内企业的技术服务和推广，以产学研项目为载体，与科研院所联合开展研究，助推企业的技术开发；另一方面，借助平台优势，鼓励“双师型”教师积极参与企业的项目研究、技术咨询和成果转化，为企业提供技术服务和培训服务，帮助企业突破“卡脖子”的核心关键技术。高职院校要围绕新兴数字产业和未来产业，与园区政府统筹集聚区域内的优质企业、产业资源，打造高质量、高价值、高成果的“双师型”队伍，为企业、地方园区新质生产力发展提供人才、技术支撑。

二、弘扬教育家精神，培养新质生产力发展新人才

2023年教师节前夕，习近平总书记致信全国优秀教师代表，首次提出并深刻阐释了中国特有的教育家精神，即“心有大我、至诚报国的理想信念，言为士则、行为世范的道德情操，启智润心、因材施教的育人智慧，勤学笃行、求是创新的躬耕态度，乐教爱生、甘于奉献的仁爱之心，胸怀天下、以文化人的弘道追求”[①]。高职院校“双师型”教师肩负着培养新质生产力需要的高素质技术技能人才的重任，必须深刻理解和大力弘扬教育家精神，培养出更多高素质技术技能人才，服务经济社会发展。

（一）引导工科类高职院校变革人才培养理念

新质生产力要求职业院校更新人才培养理念，追求科学管理和培养效率。现在职业教育人才培养重视对实用技术、纯粹知识的追求，使得职业教育成为一种机械式的技术技能训练，体现为以教师为主、学生为辅的单一讲授教学模式，流水线化地培养出一批满足企业用工需要的产业工人。然而新质生产力使生产生活、经济社会发展产生了根本性变革，单纯追求效率的人才培养模式已不能满足未来工作的要求。因此，如何培养符合经济社会发展要求的高素质复合型、交叉型的创新性技能人才，成为职业教育所要考虑的首要问题。教师要在教育教学过程中渗透“启智润心、因材施教”的育人智慧，采用分层分类教学方法，利用信息化教学手段，帮助每个学生实现自我成长与成才。教师在日常与学生交往中，应以“胸怀天下、以文化人”的弘道追求潜移默化地影响学生，帮助学生树立积极向上的职业价值观。

（二）坚持立德树人根本任务

高职院校教师要树立“心有大我、至诚报国”的理想信念，把培养一批忠诚于党、忠诚于人民、忠诚于国家的大国工匠、能工巧匠作为自身的使命和责任。“双师型”教师根据新质生产力对高素质技术技能人才的要求优化教育教学过程、更新人才培养目标，将工匠精神、技术技能要求、创新精神等贯穿人才培养全过程，“五育”并举培养全面发展的复合型、创新型双能人才，统筹推进教育、科技、人才一体化发展，深化“三教”改革，推进治理体系和治理能力现代化。

---

① 大力弘扬教育家精神 为强国建设民族复兴伟业作出新的更大贡献[N]. 人民日报，2023-09-10(1).

“双师型”教师要陶冶“言为士则、行为世范”的道德情操。教师的言行对学生的思想、品质和行为具有潜移默化的影响。教师不仅要具有广博的知识，更要有高尚的道德；不仅要教好书，还要育好人；不仅要关注学生的学业成绩，更要注重培养学生的品德素质和社会责任感。面对新质生产力对于技术技能人才的需求，教师需要密切关注服务发展，重构人才培养体系，赋能技能型社会建设。根据工作世界呈现的生产技术数字化、劳动内容复杂化、劳动工具智能化等特点，教师应将数字技术、数字技能贯穿人才培养全过程，为生产力的迭代升级提供新型的高素质技能人才。

（三）深化人才培养的交叉融合

“双师型”教师要秉持“勤学笃行、求是创新”的躬耕态度。职业院校教师不仅是知识的传授者，更是学生技能提升的引路人，只有建设一支技艺精湛、内功深厚的教师队伍，才能培育出更多大国良匠。高职院校“双师型”教师要密切追踪新质生产力的演进趋势及产业高端化、绿色化、智能化的发展方向，构建与产业链技能体系、新岗位要求对接的专业培养体系，形成与新质生产力匹配的职业教育培养模式，将人才培养目标面向未来产业、产业未来，培养专业交叉深度融合、能力结构高度复合的新型技术技能人才。

习近平总书记在同北京师范大学师生代表座谈时曾说过：“爱是教育的灵魂，没有爱就没有教育。”[①]教师是一份需要爱的职业。爱生如子，就是对教师情感素质的要求。教师要秉持“乐教爱生、甘于奉献”的仁爱之心，只有热爱学生，才会无微不至地关心学生的健康成长，自觉自愿地规范自己的言行，做到为人师表。教师要密切关注现代科学技术变革导致的职业岗位世界的变化，谋划生产力迭代升级格局下的高质量发展，重新审视技术、教育、社会等系统变革下的教育变革、技能培养、产业升级、企业发展等，将高素质技术技能人才培养嵌入经济社会发展，将教育教学活动改革嵌入技术应用技能型企业发展。

三、聚焦传统文化，培育“双师”现代工匠新精神

中国经济快速发展，但是在追求“速度与数量”的今天，物质文明与精神文明发展不相匹配。我们在日常工作生活中要继承和发扬中华优秀传统文化，守正创新，发展新时代中国特色社会主义文化，为新质生产力发展注入不竭的精神动

---

① 彭波，姚大伟，马占成. 习近平在北京师范大学考察时号召全国广大教师 做党和人民满意的好老师[N]. 人民日报，2014-09-10(1).

力。传统文化不仅是学校急需增加的教学内容，更是改变教育体系和教育理念的逻辑起点、变革工匠精神培育体系的根本路径。大力弘扬优秀传统文化，使未来的产业工人——高职学生在校期间就能在传统文化的熏陶中感受到工匠精神的价值与意义，在内心深处将所制作的每件产品都看作自己的艺术作品。另外，在学校管理层与教师队伍建设过程中，他们能从传统文化中寻找理论与实践的结合点，变革教学模式、更新人才培养模式，用“知行合一”的实践方式找到工匠精神培育的落脚点。

工匠精神是在合理吸收中华民族传统工匠文化，在大国工匠、能工巧匠致力于高质量发展的伟大实践中凝结而成的宝贵品质，是发展新质生产力的精神动力和价值指引。① 发展新质生产力归根结底要靠人才。因此，教师的知识技能水平在一定程度上决定了新质生产力的发展质量。此外，引进社会力量，加强劳动实践教学等课程建设。吸引龙头企业、头部企业从专业、课程、教材、师资、基地等多方面参与高职院校管理，建立专兼结合的“双师型”教师团队，帮助学生坚定爱国主义信仰、养成高尚的职业道德品质，引导学生将自我发展与国家科技创新及新质生产力发展融为一体。

（一）依托传统文化变革教育目标，重循高等教育本源

我国古代工匠精神重视“以德为先”，但在很长一个时期内，我国的职业教育“以就业为导向”“以市场为准绳”，高职院校主要以培养技术技能人才为目标。职业教育的技术技能导向在一定程度上有所体现，而使学生“成人”的价值追求还需加强。不少高职院校以“零距离对接”“无缝对接”等为宣传口号。在普通教育“应试”和职业教育“应市”的今天，一些学校关心学生的知识、技能、成绩、比赛、升学率、资格证书等，但对学生的理性思维、批判精神、独立人格和道德品质等终身职业发展素养和能力的提升重视不够。教育教人如何在现代社会谋生，把人打造成优质的人力资源，却忽略了“人之所以为人”的最基本的特质，使人缺乏判断与辨别能力。

当前，急需从传统文化入手，找到中国大学的传统与根本，那就是培养学生的理性精神，“双师型”教师要帮助学生学会基本的判断辨别、批判思维能力，养成良好的品格与道德。把握工匠精神与科学精神的内在联系，注重将科魂与匠心有机结合，引导劳动者注重科技创新中的社会责任和社会效益，彰显科技向善的人文关怀。我们当今的高等职业教育不是把人培养成具备高技能的“谋生工

---

① 汪盛玉，林霁月. 发展新质生产力需要弘扬工匠精神[N]. 中国社会科学报，2024-04-10(3).

具”，而是“通艺通道”的大国工匠，这是变革工匠精神培育体系的逻辑起点。①

（二）依托传统文化构筑逻辑桥梁，重育敬业奉献精神

习近平总书记高度重视中华优秀传统文化，在多个场合运用其深厚的国学积淀阐发对传统文化的解读，特别强调要实现优秀传统文化的历史性创造与现代性转化。培育工匠精神的前提是在古代工匠精神的起源与其当代价值之间架起一座逻辑桥梁，使人们了解到工匠精神的历史发展脉络乃至今天工匠精神对于实现制造强国中国梦的意义所在。从工匠精神的历史发展及当代价值出发，从理论架构及现实基础出发，实现理论逻辑和历史逻辑的辩证统一。“个体生活历史首先是适应由他的社区代代相传下来的生活模式和标准。从他出生之时起，他生于其中的风俗就在塑造着他的经验与行为。”②因此，在高职教育教学内容的选择上，教师要挑选适合学生理解工匠精神历史传承与时代意义的素材，学生只有认可工匠精神的价值，才会在实践中学习并践行。

同时，教师要着重通过传统文化培育学生的敬业奉献精神，实现工匠精神的现当代传承。在学生认可工匠精神的价值与意义的基础上，教师通过开设相关课程宣传、介绍历史上卓越的匠人浑然忘我、物我合一的敬业奉献精神，带领学生实地参观匠人故居、博物馆，感受奚仲造车、庖丁解牛、鲁班造车等的高超技术以及他们的人生价值观与工匠精神，树立“强力而行”的敬业奉献精神。在这个过程中，产品与技艺都不是匠人的终极追求，价值观念与终极关怀才是人生意义的巅峰。可见，如果达到“德艺兼备”的境界，那么在实现个人价值的同时也能促进社会经济发展。理想的人生追求与高尚的职业精神可以在一个“通艺通道”的工匠身上同时实现，对于当代大学生来说，这样的价值引领具有较强的感染力与说服力，是工匠精神合理性的现实基础。同时要邀请战略性新兴产业和未来产业领域的工匠名师、大师进学校、进课堂，参与高职院校教材编写、课程建设、人才培养方案制定、专业调整等，由此大力推进有利于加快形成新质生产力以及与战略性新兴产业密切相关的专业建设。

（三）依托传统文化凸显实践理性，重塑至善至美精神

教学模式是在一定的教学理论或教学思想指导下的教学行为规范、教学内

---

① 郝琦，房磊. 依托优秀传统文化涵养高职院校学生工匠精神研究[J]. 中国职业技术教育，2017(11)：45-49.

② 露丝·本尼迪克. 文化模式[M]. 何锡章，黄欢，译. 北京：华夏出版社，1987：2.

容、教学组织形式在不同结构中的组合。不同的教育目的采用不同的教学模式。工匠精神在知行合一的基础上，体现了对产品与职业的忠诚。此外，高职院校学生的学习特点是手脑并用，这要求“双师型”教师注重教学内容的实践性，在实际生活中找寻教学的切入点。从“通艺通道”的要求出发，教学目标要指向培养学生工匠精神与新质生产力的未来产业及其所需要的核心关键能力。

技术是不断更新的，学生大量的职业技能都需要在进入工作岗位后习得，学校更重要的是培育“精益求精”的至善至美精神。追求产品的精益求精，并注重与社会主流价值观相吻合。对高职院校学生工匠精神的培育一定要注重真实环境的营造，可以在真实的企业生产、服务、制造流程中体验和感受职业人与社会人的差别，也可以在课堂上通过角色扮演或情景模拟等，使学生增强工匠精神的情感认同。在这些举措下形成的工匠精神内化于心、外化于行，是深刻而持久的。

建立产教融合的实训基地，依托地方政府同行业、企业建立合作机制，以生产实践一线真实情境为标准改革实习实训基地，引入企业的生产线和工艺流程，模拟真实的生产环境。教师以人才培养、技术服务和教育输出为重点，通过技术研发和集成创新，建成产教融合集成平台，使学生在校期间就能接触到真实的工作环境和技术要求，为学生提供了广阔的实践空间和较多的职业发展机会。教师通过参与企业的实习和项目实践，能够更好地将知识和技能融入教学工作，帮助学生在习得技巧的基础上，掌握更高层次的具有可迁移性的职业理论知识与方法，最终达到终身职业发展的“道技合一”境界。通过以上方法，工匠精神培育体系可以构建为具有真实情景性、积极创造性、企业实践性的课程、实习和活动。

（四）依托传统文化加强制度建设，重拾创新创造精神

精神和文化的传承最初在一定程度上需要依靠制度来推进和巩固。如果仅靠口号和宣传，其最终可能会流于形式而无法延续。德国等国家有一整套严格的工匠制度，包括对违规者的严厉惩罚。如果仅以主观的“德”为社会标准，不依靠制度实现奖惩分明，好的行为习惯可能就难以建立，精神也会停留在口号层面，由此，需要建立合理合法合规的工匠制度，用制度涵养习惯，用习惯升华精神。这也是新质生产力高质量发展的必然要求。

特别是要保护创新创造取得的专利、成果，对于剽窃他人智力成果的要给予严厉打击和惩罚，增加犯罪成本，营造全社会尊重、保护创新创造精神的氛围和风气，使更多的工匠愿意加入创新创造的大军。这的确需要一系列相关的制度来保障。社会上应营造鼓励创新、宽容失败的良好氛围，进一步培厚人才成长的

土壤。在全社会弘扬劳动精神、劳模精神和工匠精神，激励劳动者焕发创新创造活力，把智慧和力量凝聚到推动新质生产力快速发展的轨道上来。

发展新质生产力和弘扬工匠精神相互促进，贯穿于贯彻落实新发展理念的整个过程，不断建构以高质量发展推动中国式现代化建设的现实图景。新质生产力体现了新时代中国特色社会主义事业的伟大实践中社会发展客观规律应然与民族伟大复兴主观需求必然的共时性统一。

新时代的工匠精神传承于中华优秀传统文化，在中华民族悠久的发展历史过程中不断迭代升级，在新时代中国特色社会主义时代背景下继续发挥着强大的精神动力及智力支撑作用，为促进产业转型升级、新质生产力的发展提供了坚实的人才基础。在当前工业化、信息化生产背景下，其敬业、精益、创新、卓越等品质要素，成为我国经济社会发展的新动能、促进产业转型升级的重要助推器。要真正将工匠精神的种子扎根于未来的技术技能人才（现今的高职学生）心中，他们步入社会后势必会影响周边其他的技术技能人才，当然这还有很长的一段路要走。但是，中国未来必定会涌现出更多拥有“强力而行”的敬业奉献精神、“精益求精”的至善至美精神、“不囿现状”的创新创造精神，并且“通艺通道”“德艺兼备”的大国工匠！

四、聚焦“五金”新基建，提升“双师”教育教学新能力

新质生产力会催生一批新产业、新业态，职业教育与产业发展的关系比之前任何时候都更紧密。因此，职业教育必须坚持产教融合，这不仅对教育发展有意义，对国家、民族都有意义。教育部副部长吴岩曾强调职业教育要练好“内功”，这个“内功”就是系统推进“五金”——金专、金课、金教材、金师、金地建设。而专业、课程、教材、基地都是“双师型”教师教育教学能力表现的重要载体。

（一）锚定产业　顶层优化专业布局，建设特色“金专”

高职院校要重视专业建设与区域发展、经济发展精准匹配，重点建设一批支持地方产业发展的“金专”。

1. 构建专业群课程体系

“双师型”教师要将企业岗位需求、职业技能等级标准和技能大赛要求融入培养方案、课程体系和教学内容。以各个组群专业的专业教学标准、课程教学标准等为基本依据，按照专业群项目化、模块化教学要求，系统构建“公共基础课程＋专业群共享课程＋专业核心课程＋X个职业技能课程”课程体系，根据区域产业发展对专业群人才培养的需要设置特色化专业方向与课程。公共基础课

程、专业共享课程，夯实专业基础知识和技能基本功；专业课程、专业方向课程及各实训环节等适当分立；针对核心岗位、融通职业技能等级证书的系列可选课程，满足学生个性化发展需求，拓展人才成长通道；专业群课程体系保证专业调整有较好的迁移性、专业群发展的可持续性。

2. 深化教学关键要素改革

“双师型”教师要瞄准技术变革和产业升级，系统推进专业、课程、教材、师资、实习实训基地等关键要素改革，加强“五金”建设，打造“金专、金课、金师、金地、金教材”。对接国家重点产业链，服务区域产业发展，优化专业群布局，动态调整专业，实现专业链和产业链的紧密对接，校企共同打造“金专”。结合产业发展需求，推动产教深度融合。校企共同确定课程内容，共同制定课程标准，共同建设课程教学资源，将职业岗位对知识和技能的要求嵌入课程内容，实现课程内容与职业岗位要求紧密对接，产教融合打造“金课”。通过教师到园区企业挂职锻炼、做访问工程师、开展岗位轮训、提供技术服务等方式，形成完整的教师技能培养体系，强化教师“双师”素质的培养，着力打造“金师”。以培养企业满意的高素质技术技能人才为目标，统筹建设校内外实习基地、实践基地和实训基地；将企业真实实践任务融入校内实习实训环节，将难以实现的实习实训项目建设成为虚拟仿真实训项目，建成集教学、科研、技术技能培训和社会服务于一体的产教融合实训基地，探索混合所有制建设模式和实体化运行机制，打造“金地”。与合作企业共同编写产教融合教材，开发活页式教材、工作手册式教材、数字教材等新形态教材，打造“金教材”。

3. 实施精准帮扶计划

协同推进“融通型”校际合作新模式，形成职业教育东西部协作新动能。深化师资队伍建设，提升协同育人能力。以铸牢中华民族共同体意识为主线，秉承“智力援助，师资为先”理念，以精准师资培训为抓手，赋能东西部协作院校高质量发展和教育数字化转型等工作。健全面向协作院校的师资培训体系，帮助协作院校打造师德高尚、技艺精湛的高素质“双师型”教师队伍。采用寒暑假集中培训和平时线上培训相结合的方式，重点支持协作院校骨干教师和专业带头人等的能力素质提升。推进产教融合、校企合作，支持协作学校开展专业建设、科技服务、创新创业教育改革和大学生创新创业园区建设等。大力开展访企拓岗活动，拓展毕业生高质量就业机会。丰富协作育人体系，增强协作精准性、实效性。强化协作团组建设，拓宽协作领域，加强资源共建共享，丰富协作方法，提高协作针对性。

（二）技术赋能 筑牢一体化建设，开发一流“金课”

新质生产力不是凭空产生的，需要立足现有的产业企业，将技术研发应用嵌入企业生产过程的全环节、全要素、全链条，以新技术、新规范、新理念改造升级传统产业，实现产品的升级迭代。与之相应的，职业教育不是完全建设新课程，而是需要对传统课程进行改造，使新课程适应新质生产力的发展要求，优先在现代制造业、服务业、农业等领域打造一批核心课程、优质教材。

“双师型”教师应以学生能力建设为导向，结合地方经济社会发展支柱产业实际，打造出一批高质量“金课”。

1. 校企共建高质量“金课”

学校制定企业参与校本课程建设的科学管理方案，构建企业参与学校课程体系开发与建设的长效机制，全方位构建校企命运共同体。

“双师型”教师应紧密结合职业教育发展现状，科学预测区域经济结构优化升级的未来趋势，及时融入区域行业企业的最新标准、工艺、技术和规范，促使学校课程内容与区域岗位群的工作任务相适应。将企业用人标准直接纳入学校课程标准，以岗位要求为标准，以工作项目为驱动，在课程的开发、建设及实施方面与产业链相关龙头企业、链主企业开展紧密合作，通过线上、线下相结合的信息化教学方式，对接企业生产，将课程内容的设计、课程资源的开发等与企业真实生产项目有机融合，以此为载体和驱动导向，高标准地实现技术技能型人才的培养。

2. 数字赋能高水准“金课”

“双师型”教师与企业合作共同制订优质数字教学资源开发计划。创新优质数字教学资源开发的方式和手段，不断扩大优质数字教学资源的规模。构建国家、省级、校级三级在线精品课程体系，拓展服务范围，通过课程资源平台为企业产业工人提供高品质的培训服务，打造一批满足地方产业工人需求的优质精品课程，助力地方新质生产力发展。

开发满足学生个性化学习需求的校本课程资源。明确课程目标及内容，革新教学方法及手段，嵌入物联网、大数据、人工智能等技术，构建传统课堂、实景课堂、虚拟仿真课堂等多模态混合的交互式、沉浸式教学环境，形成项目化教学内容，集成多维创新的课程发展动能，重构课堂教学的新生态，强化技术人才的数字素养和智能技术理解。

加强在线学习领域的建设，如实时通信、交替教学和移动学习，突破课堂界限，提高学生深度学习、自主学习的能力与素质。

3. 产教共建高标准“金课”

实施校企共同制定人才培养目标，共同指导培育学生，共同监测和评价学生学习成效，从而共同促进学生职业技能掌握的“共制—共育—共评—共促”的紧密型校企合作长效机制。

建立专兼结合的课程视导队伍，邀请行业企业专业技术人员、第三方评估机构等多方力量参与，组建专兼结合的专家型、科研型视导团队，形成多元共治的课程视导队伍。

“双师型”教师要完善课程建设的顶层和制度设计，制定具体的落实举措，做好监督评价，确保建设工作顺利进行，运用人工智能和大数据技术，加强对学生学习的智能分析和评价，形成扎实基础、规范培训、强化技能和能力培养的企业实践培训和素质提升培训模式，满足企业对高素质技术技能人才的需求。

（三）校企双元　深入推动跨界融合，开发高水准“金教材”

教师从产教双元开发、校企合力打造、跨界融合建设和严格推进教材规范管理等角度出发，推进高质量教材建设。“双师型”教师将专业理论知识、操作技能以及思政育人元素纳入新形态教材内容，通过健全保障体系、构建资源平台、丰富呈现形式，在培养学生技术技能的同时帮助其养成良好的职业道德和专业精神。教材以真实生产项目、典型工作任务等为载体，体现产业发展的新技术、新工艺、新规范、新标准，坚持知识、能力培育和价值观培育紧密结合，有效激发学生的创新潜能。

1. 产教双元开发高品质“金教材”

高职院校邀请产业企业一线人员参与教材编写，通过非结构化默会知识的结构化、显性化、编码化，将产业实践者的直接经验转变为学校学习者的间接经验，确保教材内容的适应性和高效性。产业大师主要参与技术实践知识的开发与编写。

教材编写遵循标准化与规范化原则，直接引入产业企业最新技术标准和操作流程，力求内容贴近生产一线。由于新一代信息技术广泛运用和快速迭代，教材宜采用数字化、活页式等形式，便于及时更新。

2. 校企合力打造新形态“金教材”

完善新型教材建设规划。“双师型”教师将行业、企业中的新技术、新工艺、新理念、新方法、新规范实时纳入活页化教材，结合学生认知规律、认知水平及技术迁移能力，设计具有梯度差异的学习情境，打造物理上独立、逻辑上连续的活页化教材。

新形态教材要突破传统的知识结构和逻辑顺序，面向真实的生产实践项目、工作任务以及具体案例，将实体技术、规范技术和过程技术三者融为一体。通过此种方式，新形态教材不仅能够提供全面的知识体系，还能确保学习者在实践中有效运用所学知识，从而圆满完成工作任务。通过整合相关专业理论知识方法和技术，形成完备的教材结构，从而培养学生应对未来职业岗位变化的复杂性思维和综合性技能。新形态教材要紧跟技术发展，根据产业需求发展变化更新教材内容，以更加灵活的方式（如活页式、融媒体、数字教材等）呈现给学生，增加学生与教材的互动，提高学生的学习兴趣和学习效果。

3. 跨界融合建设数字化“金教材”

“双师型”教师应围绕产业数字化、数字产业化发展趋势，以电子教案、电子图书、试题库、资源库等为载体，丰富数字化教材。结合企业岗位与职业人才培养的特点，以纸质教材为蓝本，以数字平台和数字技术为支撑，健全数字化教材体系，丰富高质量教材的呈现形式。探索数字教材建设标准和知识体系编写规范，加入模拟实验、互动练习和虚拟实践，设置学生的互动反馈机制，形成更多可听、可视、可练、可互动的数字教材。

（四）多元协同　同心聚力产教融合，打造标杆“金地”

高职院校依托地方政府同行业、企业建立合作机制，以生产实践一线真实情境为标准改革实习实训，引入企业的生产线和工艺流程，模拟真实的生产环境。

1. 积极搭建产教融合发展平台

高职院校以人才培养、技术服务和教育输出为重点，与多家单位建立合作机制，深化产教融合，为学生提供广阔的实践空间和更多的职业发展机会。在工程实验试制、设备维修改造、技术攻关等方面，“双师型”教师给予中小企业专业服务和支撑，并推动真实的生产和研发项目“进教材、进课堂”，着力加强科技成果转化落地，推进科研反哺教学。

2. 校企共建实习实训基地

学生通过企业实习和参与项目实践，能够更好地将所学知识应用到实际工作中。高职院校与多家龙头企业建立深度的合作关系，通过共建实习实训基地、开展校企合作项目等方式，为“双师型”教师提供企业实践的场所与机会。教师将积累的经验反哺到教学中，使学生在校期间就能接触到真实的工作环境和技术要求，有助于学生将理论知识与实践相结合，提升实际操作能力，从而提高职业素养。同时，学生在实习过程中能够通过“双师型”教师接触到企业的文化和价值观，为更好地适应未来的职业生活打下了基础。

3. 校企共建共享信息平台

高职院校通过各种实训平台，帮助“双师型”教师与企业建立紧密的合作关系。企业可以依托学校的科研力量更新技术和产品，通过学生实训为企业培养储备员工，解决用工荒的问题；学生也可以通过企业提供的实训平台掌握专业技能，提高就业优势，使学校和企业最终形成“共生型”合作关系，相辅相成、相得益彰，最终实现互利共赢。

五、聚焦数字经济，助推“双师”数字素养新升级

习近平总书记指出：“准确把握事物发展的必然趋势，敏锐洞悉前进道路上可能出现的机遇和挑战，以科学的战略预见未来、引领未来。”[①]以数字技术主导的新质生产力跃迁已经成为未来发展的重要趋势，而数字技术主导下的生产将以知识、信息、数据等为主要投入，其集约型、绿色化的范式和特征更加凸显。在此背景下，技术和知识创新将逐步取代资本和体力等传统的物质消耗并居于主导地位，生产则由“物质转换”逐步发展到“技术和知识生产”。

新质生产力本质是以数字化技术驱动的生产力，新一代科技变革以数字技术为代表，通过算法、算力、平台等要素全面融合，重构了生产、生活、消费等全领域。职业教育要深刻把握新质生产力的新特点、新要求，将服务产业链的全链条、全要素紧密结合，研究新兴产业、未来产业发展趋势及需求，加快职业教育数字化转型，构建数字化职业教育新范式，推动职业教育结构化、系统性重塑。

高标准推动数字赋能新变化。面对新质生产力对经济社会发展提出的新要求，职业教育要深化专业建设变革，以数字技术创新驱动，加强与战略性新兴产业、未来产业的深度联动，优化专业建设，动态调整布局，完善建设内容，重组教学方式，形成与经济社会发展相匹配的专业人才培养方案。

(一) 实施AI+教学改革

实施基于知识图谱的自适应学习模式改革。运用生成式 AI 等技术，汇聚学校智慧教室的录播资源以及云课程中心资源，进行语音转写、自动标签打点、多视窗融合等处理，形成标准化、结构化、合规化的优质资源；运用人机耦合、自动抽取等技术完成课程知识图谱建设，将优质教学资源与知识图谱上的知识点、技能点进行关联，形成体系化、完整化的课程资源生态；运用数字化测评手段，评估对资源的掌握程度，根据评测结果进行智能推荐，形成自适应学习路径规划，

① 习近平. 推进中国式现代化需要处理好若干重大关系[J]. 求是，2023(19)：4-8.

为学生提供个性化、定制化、自主化和终身化的学习方式。实施“数字人”的全时空教学模式改革。借助 AI、VR/AR、语音识别、大数据等技术，引入“数字人”，创设教学场景，进一步丰富“混合式教学”的体现形式，教师课内通过智慧教室、教学平台开展翻转课堂教学，学生课外跟随“数字人”和 AI 助手开展“有感”预习和巩固。

（二）利用数字化技术拓展学习空间

教师通过构建虚拟教研室、数字教师，将智能化终端应用于人才培养全过程，从而创造出更好的教学条件、教学资源，搭建起更高效的教学平台、实训平台，由此建立职业教育新范式，革新人才培养理念，形成智慧教育新思维、新模式，实现育人过程的全面深度优化。

（三）实现教学内容数字化转换

运用 AI 等数字技术，建设和优化能够支撑交互的数字化教学资源。依托学校云课程中心，做好课程资源建设与更新，实现专业课程标准、授课计划、教案等基本教学材料全部上云，专业核心课程基本教学材料和教学视频全部上云，推进全校课程资源标准化规范化建设。依托各级各类专业群，构建“国家—省—厅—校”四级建设机制，积极推进专业（群）教学资源库建设；以在线精品课程建设为抓手，持续更新课程资源，新立项（认定）一批校级在线课程和在线精品课程，积极培育和打造国家、省级在线精品课程。积极开展新形态教材开发，推进活页式教材、工作手册式教材和数字教材建设。加强虚拟仿真教学资源建设，根据课程特点，有效推广 AR、VR 等虚拟场景应用。推进专业、课程、虚拟仿真等优质的数字化资源上线国家职业教育智慧教育平台，实现资源开放共享。

“双师型”教师，特别是具有数字素养和数字化能力较高的数量充足、结构优良的教师队伍，对于培养符合新质生产力需要的技术技能人才具有关键的支撑作用。一方面，政府应为学校和企业之间搭建信息交流平台，鼓励教师到企业实习实践，开展社会服务，推动企业和高职院校共育人才，共建队伍；另一方面，完善学校和企业的创新人才培养和评价机制，突出应用导向和实践导向的考核办法，引导高职院校教师向“双师型”教师发展，鼓励企业员工到高职院校担任兼职教师，提高师资队伍的质量，完善保障机制。

六、聚焦技术赋能，引领“双师”实践能力新高端

(一) 帮助企业通过智改数转网联实现产品迭代

培育壮大数字产品制造软件和信息服务的核心产业，鼓励“双师型”教师与企业联合申报重点实验室、工程研究中心、企业技术中心、工程实验室、产业创新中心等。各类省级科研机构出台了一系列鼓励科技创新、营造良好科技创新氛围的政策。高职院校鼓励“双师型”教师“走出去”，与企业联合开展技术攻关，推进科技创新成果转化，同时又能将企业一线生产实践项目运用到教育教学过程中，培养企业所需的一线技术技能人才，帮助企业解决技术应用问题。

(二) 跨场域协同发展新质生产力

新质生产力体现了创新、协调、绿色、开放、共享的新发展理念，强调区域协调发展、经济社会一体化发展，特别是习近平总书记强调因地制宜发展新质生产力，产业链区域化进程加快。“双师型”教师应该主动适应区域产业发展与区域经济社会融合发展，帮助政府有效应对未来劳动力市场的变化。根据地方经济发展设置高水平专业，培养高标准人才，助力企业破除传统产业壁垒，优化生产模式，加快形成新质生产力。

第二节　新质生产力背景下高职院校“双师型”教师培养策略

新质生产力作为先进生产力，其标志性特征在于技术创新的飞跃与产业结构的深刻转型，此过程植根于高技能人才队伍的壮大、高科技生产资料的广泛应用以及劳动对象范畴的广泛拓展。在这一宏观背景下，高等职业教育凸显出其不可替代的战略重要性。它不仅是科技创新浪潮中的重要力量，推动着产业革命的发展，而且是新质生产力持续发展的关键驱动力。

随着新质生产力的迅猛发展，高职院校面临着诸多挑战，如教育理念的变革、师资队伍结构的优化升级以及产教融合机制的深化完善等。为有效应对这些挑战，高职院校需采取一系列战略性举措，包括但不限于全面革新教育理念体系、着力打造“双师型”教师团队、不断深化产教融合的实践探索等。高职教育与

新质生产力应协同发展，确保两者在高质量发展的轨道上并驾齐驱。

在《辞海》中，“策略”一词指的是“计策谋略”，而在较为普遍性的意义上，策略涉及的是为达到某一目的而采用的手段和方法。策略通常指向更高层次的目标和方向，注重整体规划和长远发展，如指导组织或项目的大方向，具有更高的位阶，发挥统领作用，处于中观层面。本节新质生产力背景下高职院校“双师型”教师培养策略主要涉及明确培养主体、厘清培养模式、明晰培养周期，旨在为国家经济的长期繁荣与社会的全面进步奠定坚实的人才基础与智力支撑，促进教育链、人才链与产业链、创新链的有效衔接与深度融合，共同开创国家发展的新篇章。

一、高职院校“双师型”教师培养主体

“双师型”教师的培养需要高校、科研院所、企业等多方面参与，是一种跨界性的活动。

（一）责任清晰，明确各自角色与任务

高等院校发挥其学术性的力量，为“双师型”教师专业学术理论体系的建立打下坚实的基础。在培养未来职业教育领域的研究生时，高等院校应注重引导他们全面掌握所在学科的整体架构、知识前沿及研究方法，使他们在走上工作岗位后能够自主更新理论知识，并具备独立建构理论知识体系的可迁移能力。

高职院校应发挥其职业教育的力量，让教师了解职业教育的现状以及学习相关的教育教学能力。

在高职教育的发展蓝图中，深化与产业界的合作显得尤为重要，这直接关系到教师培训体系与职业成长路径的共筑与优化。企业应积极携手高职院校，共同搭建校企联合的教学与实践平台以及建立创新实践基地，为广大教师提供多元化、深层次的继续教育与实践锻炼舞台。通过此类平台的建立与运用，教师不仅能够了解最新的产业知识信息与技术动态，还能在实践中锤炼教学技能，实现理论与实践的深度融合。而当前部分企业忙于生产和管理，一些科研院所也没有太多的精力放在“双师型”教师的培养上，因此要开发基于“双师型”教师培养的合作项目，提高“双师型”教师培养质量。

进一步发挥政府的作用。首先，政府应出台更多鼓励高职院校培养“双师型”教师的政策，引导学校重视“双师型”教师队伍建设，提供相应的资金支持，用于改善学校的培训设施、加强与企业的合作等。其次，政府应积极搭建企业与学校的合作平台，促进双方深度合作，提供更多、更便捷的企业实践机会，同时让企

业更好地参与到学校人才培养中来。最后，进一步优化“双师型”教师认定标准及规范，以避免不同地区、不同学校之间认定标准的差异。

许多受访者也表达了要强化政府在“双师型”教师培养中的地位与作用。政府可以为高职院校和企业牵线搭桥，让企业愿意接收教师。有些企业是因为私人关系才接收的，他们认为老师去捣乱，啥也干不了。要给企业一些自主权。可以在某些方面给予企业一些优惠，多认可和表彰(J01-20-20240830)。政府在经费上再多支持一些，帮助高职院校与企业建立真正的校企合作平台(J03-20-20240920)。政府应鼓励企业接收教师去实践。有的教师是想去企业实践的，但是找不到合适的企业，因为企业知道教师在那里不会长久，不给教师安排很多工作或任务。这时其实就需要政府出面，学校没有办法要求企业，但是政府可以以税收优惠政策鼓励企业接收教师，并与高职院校开展合作(J04-15-20240928)。

企业也表示希望政府为培养企业兼职教师提供更有力的帮助与支持。资金支持：设立专项经费，用于高职院校“双师型”兼职教师的培养。这些资金可以用于支付教师的培训费用，包括参加企业实践培训、行业技能培训课程等的费用。培训资源提供：政府可以协调企业和高职院校，搭建“双师型”兼职教师培训平台，整合各方资源，如提供在线课程、虚拟仿真实训资源等(Q02-10-20241029)。可以有一些专项经费支持，促进校企之间深度合作。同时政府还起到桥梁的作用(Q03-17-20241030)。

(二)多元协同，构建一体化培养方式

一体化培养方式具体体现为理论和实践一体化、学术和工作一体化、研究和学习一体化。理论和实践一体化，就是专业理论学习和职业实践训练相结合，即在学习专业理论知识的过程中，通过在企业参与职业技能训练，加深对理论知识的理解，同时掌握一线的生产管理实践经验，能解决生产管理过程中的难题，能够将理论知识和实践技能相互渗透、交叉融合。学术和工作一体化就是从工作中寻找研究选题，将研究选题的理论成果运用到实践工作中。研究和学习一体化指在研究过程中学习、在学习过程中研究。

重点需要关注以下两个方面，第一，加强产学合作，要为“双师型”教师聘任企业师傅，由企业师傅指导教师在企业中开展真实的生产管理实践，了解加工工艺、操作流程以及产品使用与维修等实际问题。教师的教育教学科研课题与企业生产实践项目相结合，有助于解决企业实际问题。“双师型”教师通过企业实践不断更新理论知识，同时又将理论知识运用到企业实践中。第二，注重教学科研相结合。“双师型”教师在参与企业实践过程中寻找的实际项目科研选题，同

时又有助于提高人才培养质量，提升实践教学效果，帮助学生尽早了解未来所面临的职业岗位、企业范围以及行业发展趋势，提升学生的就业质量。

二、高职院校“双师型”教师培养模式

此处高职院校“双师型”教师培养主要指职后培养阶段，职业技术师范大学的职前培养模式不在本研究范围内。职后培养模式主要有校企合作培养模式、自我成长模式等。

（一）“双师型”教师校企合作培养模式

1. 秉持教育理念：产教融合

“双师型”教师是复合型人才，必须具备理实一体的职业教育能力。他们要借助相关实践平台和科研平台，实现理论与实践的深度融合和螺旋式上升。理论学习、实践应用和科学研究三者相互交织、融合，这就需要产教融合、科教融汇。单一的空间和场域无法培养出高质量的“双师型”教师，因此，必须进行资源整合，实现优势互补。通过产教融合和科教融汇，有效整合学校、企业、科研院所的各种资源优势。学校在教育教学方面优势明显，企业具有先进的生产实践技术和设备，而科研院所具有较强的理论和科研优势，三者共同为“双师型”教师培养提供平台。采取课堂教学和教师参与的方式，既可以帮助教师提升企业实践及科研能力，又能使学生在参与科研项目和企业实践的过程中了解企业最新实践经验、产业最新前沿知识。实践证明，产教融合与科教融汇是国际公认的培养创新人才的最佳途径，能够构建起强大的研究、开发、生产一体化平台系统。

2. 落实培养目标：专兼结合的复合型教师

“双师型”教师的培养目标必然是复合型的，涵盖多方面、多层次的目标。横向上，包括专业素养、教育素养和职业素养的全面提升；纵向上，则体现为理论知识的积累、实践应用的掌握以及科研创新能力的提升。也就是说，要掌握所从事专业的基本理论体系，能够在实践中熟练应用所学专业理论知识，具备较强的专业实践能力并在该专业领域进行科研创新。在教育教学方面，“双师型”教师能够扎实掌握教育基本理论，具有良好的教育教学能力，能够开展与专业性领域相关的教育科学研究；职业素养的理论知识层面体现为能够掌握与专业相近的职业信息，并将掌握到的最新职业动态和技术变革信息融入教育教学服务工作，同时对当前行业产业所面对的技术变革和挑战开展相关理论及科研应用研究。

3. 搭建产教融合、科教融汇的实践平台

首先，高职院校应成立“双师型”教师培养领导小组，定期召开产教融合、科教融汇等相关工作会议，加强职业院校、科研院所以及产业适配度高的链主企业之间的沟通与联系，推进学校与相关企业的合作。教师可收集行业企业最新动态，努力为企业提供定制化的培训，提升企业参与学校管理全过程的积极性，同时也为教师到企业挂职锻炼拓宽机会与范围。其次，明确产教融合、科教融汇的项目。通过与企业联合开发实用技术、提供技术服务等形式开展科研及项目合作，“双师型”教师能够实际参与企业及科研院所的科研应用项目，同时通过这些项目能为企业的技术应用和创新提供反哺。

4. 建立稳定的企业实践基地

挑选部分主动参与意识强、合作效果好、产业匹配度高的企业，建立“双师型”培训基地。教师可以直接从生产实践基地获取一线的新技术、新知识、新工艺、新材料和新方法。此外，部分公共实践基地也会提供一些专门的培训。学校人事处应及时为教师提供信息，鼓励他们参与各种相关培训，以保证“双师型”教师队伍的高素质、高水平以及较强的稳定性。

（二）“双师型”教师自我成长模式

1. 明确自我成长理念：强调自主反思

仅依赖高职院校、企业、科研院所等外部力量是不够的，“双师型”教师更需具备自主发展、自我反思、自我学习的能力。“双师型”教师的专业教育教学能力、职业岗位技能，并不是单纯从外界获取，更需要从内部构建。通过自我反思，“双师型”教师可以对自己目前所缺乏的、需要深入理解的知识和技能有全面、深刻的认识。在实践反思模式里，“双师型”教师具有更强的自我反思和主动探究的能力，强调了教师在专业成长中的主体性与主动性。教师专业发展应是一个自我理解、自我成长的过程。教师经常反思，自己做自己的老师，就是“反思性的观察”。

美国学者舍恩（Donald Schon）创造性地提出了“反思性实践家”的概念，用以对抗近代主义所塑造的“技术熟练者”的专家形象。舍恩指出，传统意义上的专业实践，往往是基于“科学技术的合理运用”原理，将专业知识和技能应用于特定情境。然而，在当今时代，专家们却置身于顾客所面临的复杂、棘手的问题之中，他们凭借“活动过程的省思”，与跨专业的难题进行顽强搏斗。在“反思性实践”的框架下，“实践性认识论”取代了“技术性熟练者”，成为专家活动的新基石。

舍恩强调，我们应聚焦于“实践”本身，深入挖掘其丰富内涵，关注“教师实际知道些什么”，并以此为出发点，构建专业发展的蓝图。他认为，教师专业发展的目标并非单纯追求外在的、技术性的知识积累，而是通过多种形式促使教师对自我、专业活动及相关事物进行更深层次的“理解”，发掘其中的“意义”，从而实现“反思性实践”。在此过程中，教师的实践性知识和实践性智慧被视为专业发展的重要基石。我们应从教育教学活动的实际需求出发，鼓励教师自主学习和自我发展，将理论与实践紧密结合，共同推动教师专业的持续进步。

“双师型”教师的发展过程也是教师个人主动性发挥的过程。教育教学活动实际上是一种个性化的艺术创造活动，管理部门很难通过一些模式化的规范去约束教学行为。教师的教学活动是个人主观对于客观教学实践、学生对象的再次创造与实践思考的过程，教育教学实施过程是教师个体对于实践对象的体验过程。因此，教师的专业发展是一种自我反思、自我建构、自我理解和自我体验。

2. 定位培养目标：可持续发展能力

“双师型”教师仅仅依靠职前和职后培训是无法持续提升自身的可持续发展能力的。教师在个体发展过程中，必须具备自主发展能力、自主学习能力和自主反思能力。

第一，自主发展能力。教师自主发展能力是一种自主性的职业发展能力，他真正懂得在教学的反思性实践中，不断提升、改进、完善自己的教学方法与教学技巧。同时，“双师型”教师应具备强烈的责任感，对技术技能的提升是基于自身知识体系与能力体系构建的需求。教师要具有自我认知能力，明白自己目前所掌握的专业技能理论知识、教育教学能力与专业发展的目标及关系，不断激发自我学习的动力，明确自己职业发展的追求与导向。

第二，自主学习能力。“双师型”教师应该经历教师教育、教师培训、教师学习的发展历程。从教师教育到教师培训，再到教师学习，学习的主动权就交给了教师个人。美国学者泰勒曾言，未来的在职培训，将不被看作是“造就”教师，而是帮助、支持和鼓励每个教师发展他自己所看重、所希望增强的教学能力。占指导地位的、被普遍认可的精神，将是把学习本身放到最重要的地位。①

所谓教师学习，是指教师在自身或外部环境因素影响下，自主提升专业知识、专业能力和专业态度，以教师主动性为核心的成长过程，是对已有的教师教育、教师培训的超越与提升。教师学习不能简单地等同于教师教育和教师培训，是教师主体性和内在动力凸显的一项学习活动。

---

① 泰勒.教师在职教育的回顾与展望[C].马立平，译//瞿葆奎.教育学文集·教师.北京：人民教育出版社，1991：478.

第三，自主反思能力。美国心理学家波斯纳(Posner)曾提出教师成长公式：经验＋反思＝成长。他指出，如果教师仅仅满足于获得经验而不是对经验进行深入的思考，那么他的发展将受到很大的限制。如果一名“双师型”教师具备反思的意识和能力，就能不断地对自己的教育教学专业技能及实践操作能力进行反思和总结。反思是“双师型”教师可持续发展过程中不可或缺的行为。从“双师型”教师职业实践技能的获得过程来看，缄默知识占很大比例，因此，“双师型”教师应长期进行实践反思才能使知识和技能得到持续性的提升与改进。

三、高职院校“双师型”教师培养流程

（一）入职前

由于目前职业技术师范大学(学院)无法满足全国 1 613 所高职院校师资的需要，建议在应用型高校专业学位研究生教育中加入职业技术教育，以作为培育职业教育师资的创新策略。具体而言，实施主辅修并行的教育模式——“专业教育核心＋职业技术教育辅助”，即学生主修其原专业学位课程，同时辅修职业技术教育的相关课程，从而实现对专业深度与职业教育教学广度的双重兼顾。针对资源充足的高校，建议进一步探索并实施本硕连读的一体化培养体系，旨在构建更为连贯与高效的人才培养路径，以增强毕业生的职业适应性与市场竞争力。

首先，聚焦于复合型人才的培养目标，我们需在现行专业学位研究生教育体系中深度融合职业教育教学能力培育的要素。可在职业院校中安排至少一学期的职业教育教学实践活动，使学生能够全面掌握教育教学的基本原理与技能，并深入洞悉职业教育的独特属性与要求。此举旨在增进学生对职教教师岗位的认知与理解，为其未来在职业院校中尽快适应与高效教学奠定坚实基础。

其次，实践能力培养作为应用型高校的核心特色之一，应在校企合作与产教融合的大背景下得到进一步加强。在面向职业教育师资培养的专业学位研究生教育过程中，应充分利用并拓展应用型高校在实践能力培养方面的既有优势，确保每位研究生在读期间均能获得至少一学期的企业实践或顶岗工作机会。此实践经历不仅有助于提升学生的专业实践能力，还能激发其从企业实践中挖掘研究选题与课题的灵感，进而有效弥补“双师型”教师在实践经验方面的不足，为构建更加完善的职业教育师资培养体系贡献力量。

（二）新入职教师

青年教师要坚定理想信念。良好的师德师风是教师最基本的素质，精通的

业务知识是教师重要的必备条件。新入职教师要尽快适应新的工作环境，积极主动承担起新时代职业院校教师的使命与责任，落实立德树人的根本任务。

1. 岗前培训

很多地区政府高度重视高等院校教师岗前培训工作，如要求高校给予新教师足够的时间参加培训学习；重点围绕师德师风、教育教学、现代教育技术等，采取专题讲座、典型报告、教学观摩、课堂教学实践或讲评等形式，加强对新教师的校本培训，提高新教师岗位适应能力和教育教学能力。岗前培训内容主要包括习近平总书记关于教育的重要论述、教师思想政治教育和职业道德规范、教育政策法规、现代教育理论、教育教学基本技能等。培训形式主要是网络培训、校本培训和个人自学。岗前培训一般是针对所有新入职教师，注重师德师风、教师行为规范、基本教育教学能力的培训，培训合格后可获得教师资格证。

2. 入职培训

入职培训一般是由所在院校和学院组织，注重对新教师的教学设计、课程建设、科研能力等多方面的培训与指导。

一些地区组织新教师省培，将培训理论与实操结合，内容形式丰富，如专业课程、特色技能课程等，旨在进一步提升高职院校新进教师队伍的综合素质与业务水平，加强新时代职业院校“双师型”教师队伍建设。

学校层面普遍会为新教师安排一系列综合性的培训与发展活动，如开展师德师风教育，开展“上好一节课”活动、数字化教学示范等，以提升新教师教育教学能力，使新教师尽快成长为优秀高职教师以及达到胜任班主任工作的能力要求。

学院层面一般也非常重视新教师培训，可以结合所在专业开展更具针对性的“双师”培训，例如组织新教师赴企业考察，深入生产车间，与企业技术骨干、一线工人进行交流，了解企业生产流程和最新技术工艺；与企业领导及相关负责人进行座谈，介绍学校人才培养、产学研合作等所取得的成果，交流企业面临的技术与人力资源的实际问题等，就未来双方在产学研合作、人才培养、就业实习等方面进行沟通。这样新教师可以了解行业技术发展方向和用人需求，快速适应产教融合校企合作的人才培养模式要求。

3. “老带新”的团队建设

新入职教师缺乏课堂教学经验及实际操作技能，因此学校应为每位新入校的青年教师指定教学和实践导师。教学导师负责指导新入职教师的教学技能、技巧、表达和仪态等。新入职教师需要在校内听课，对象为教学导师、各级教学名师，听课时应做好笔记，课后及时反省和总结，并与教学导师沟通。教学导师应做好新入职教师教学能力提升的培养计划，有针对性地开展培养工作。随着社会的进步，教师的角色发生转变，教师之间的合作尤其是新入职教师之间的合作显得尤为重要。学校应建立教师合作的长效运作机制，为他们搭建合作平台。实践导师可以请校内技术技能较强的教师或者企业技术能手担任，主要传授基本的操作规范、设备运行安全准则以及产业、行业最新的前沿技术知识和技能等。可以在原有校内导师制基础上建立校外“企业导师制度”，尽快提升新入职教师实践教学和技术研发方面的能力。

受访者也表达了自己对“老带新”中各自承担责任和发挥作用的思考。指导老师在新教师刚入职的时候起着十分关键的作用。新教师是学习者和实践者的身份，把学到的教育教学知识和专业知识运用到教育教学实践中去。新教师也是创新者的身份。他不仅将指导老师教的一些经验应用到教育教学中去，还要做一些创新，能够对个人以及学校发展起很好的支撑作用（J02-2-20240915）。骨干教师在“老带新”中扮演引路人的角色，指导新教师尽快适应教学环境，掌握教学技巧。骨干教师也是示范者，通过自己的言传身教，为新教师树立了榜样，展示了如何成为一名优秀教师，包括工作态度、教学方法、学生管理等，同时将如何备课、上课、管理课堂、评估学生等经验和技能传授给新教师。骨干教育帮助新教师制定职业规划，明确自己的职业目标和发展方向，并为其提供相应的建议和支持。提供支持，即向新教师提供必要的教学资源和支持，如教案、课件、教学视频等，以减轻新教师的教学负担，提高教学效率。监督效果，及时发现问题并给予指导，帮助新教师不断改进教学方法和提高教学质量，协助新教师管理学生（J03-20-20240920）。在“老带新”的过程中，我觉得新教师首先是学习者的角色，要向老教师学习教学经验、教学方法、课堂管理技巧等，快速适应高职教学环境，提高教学能力。同时，新教师也要扮演反馈者的角色。在学习过程中，新教师可以将自己所学的新知识、新想法、新的教学方式等反馈给老教师，让他们也能了解到一些新的情况，促进彼此之间的交流与学习。另外，新教师还可以是协助者的角色。比如，在老教师组织课堂活动、开展实践教学时，新教师可以协助他们做一些准备工作，如准备教学材料、调试设备等，通过实际参与来更好地理解教学过程，提高自己的实践能力（J06-1-20241009）。以上采访均说明了骨干教师和新入职教师在“老带新”中扮演的角色和各自承担的任务，肯定了“老带新”的效果和意义。

一名学院负责人认为，骨干教师对教师群体的正面引导作用非常重要，能在教研室里鼓励大家申报项目、参与比赛，把氛围搞好，营造出大家一起积极向上的氛围（J10-28-20241022）。

（三）专业骨干教师

新质生产力是由原创性、颠覆性科技创新推动，应从源头和底层解决关键技术问题。支撑创新驱动的根本是创新型人才，其中包括能工巧匠和高级技师。习近平总书记强调，“劳动者素质对一个国家、一个民族发展至关重要”“技术工人是支撑中国制造、中国创造的重要基础”。[①] 与产业发展深度融合的职业教育成为培养更多高素质技术技能人才、卓越工程师、能工巧匠、大国工匠的重要路径。职业院校需围绕新兴技术和新兴产业，通过政府统筹集聚区域内优质资源，打造一支可以创造高质量、高价值科技成果的队伍，为发展新质生产力提供源头活水。

政府不仅要重视培育优势企业，同时要积极运用新技术、新标准、新规范，帮助传统企业实现质改数转、整体提升，加快企业培育。这就需要大量服务于新兴产业和未来产业的技术技能人才，以及具备交叉思维、复合能力的高素质创新人才。他们需要做到全方位理解组织战略目标、基本技术原理，并能够将既有科技创新应用到实践中，成为理论与实践衔接的载体、沟通技术发展与市场需求的桥梁[②]。而这些都离不开高职院校“双师型”骨干教师。

1. 更新专业知识与技能

一方面，教师应拓展自己的专业理论知识，依托科研院所、高水平综合大学开展科学研究，夯实专业知识。另一方面，教师应积极主动地到企业开展实践生产，因为专业技能的更新离不开一线的生产实践。例如，很多高职院校规定教师每 5 年需要到企业一线连续工作 6 个月左右，以更新专业知识与技能，掌握新设备、新工艺，提升自己的技术水平，从而保证师资队伍实践教学的技术水平跟上时代的步伐。

2. 提升数字化教学能力

一方面，完善教师数字素养培训体系与考核机制；针对信息化教学及管理创新模式需求，开展教师信息技术应用能力培训，利用线上、线下培训方式对教师进行专项培训、全员培训，为专业教师量身定制关于数字化技术和工具的培训项目，旨在帮助其精通最新的数字化知识与技能。另一方面，激励专业教师在教学实践中勇于尝试并融入数字化技术和工具，如在线教学平台、虚拟实验室等，进行教学革新与实践探索，从而提升教师的信息素养，并培养其运用信息技术进行

---

① 习近平. 在全国劳动模范和先进工作者表彰大会上的讲话[N]. 人民日报，2020-11-25(2).

② 李晓娟，王屹. 技能适配：欧盟应对技能转型的职业教育行动及镜鉴[J]. 职教论坛，2023，38(8)：116-128.

学情分析与实施个性化教学的能力。教师的授课模式不再囿于实体课堂，而是实现了实体课堂与线上课堂的深度融合；知识的传授方式也由单向传授转变为多向互动，教师积极支持学生利用技术手段开展自主学习、合作学习和探究学习。与此同时，搭建专业教师间的交流平台，倡导教师分享数字化教学的宝贵经验与典型案例，以此促进教师更好、更快地成长。

3. 增强行业企业实践能力

要健全教师下企业实践的相关制度，依托龙头企业、行业学会组织建立多样化的“双师型”教师培养基地，组织骨干教师到匹配度较高的链主企业实践，了解市场对人才培养的需求变化，熟悉专业所对应职业岗位的相关技术规范、标准要求，参与企业一线的生产、研发、技术革新等。依托行业产教融合共同体、市域产教联合体，推进校企人员双向交流与互动，建立长效化的交流机制。通过教师到岗实践、入企服务提高教师的专业实践技能与水平，组建高水平、结构化的“双师型”教学团队，提高教师的综合素养与教育教学能力。

第三节 新质生产力背景下高职院校“双师型”教师培养路径

人文地理学(Human Geography)将路径定义为个体在时空间活动的连续轨迹。① 计算机科学(Computer Science)将路径定义为用户在磁盘上寻找文件时所历经的文件夹线路。路径分为绝对路径和相对路径。② 语言学对路径的解释是：道路；门路。③

本书研究的对象为高职院校“双师型”教师培养，属于一种社会现象，其必然受制于外部环境和内部结构要素的制约与影响。这些特定的条件都使得高职院校“双师型”教师培养有着与其他事物不同的发展历程与轨迹。各学科的研究对象和理论视角不同，对于发展路径的理解不尽相同，因此定义也是各不相同，众说纷纭。但概括起来，各学科对于路径的阐释大致可以归结为两类：一是说明事物在自身发展过程中留下的连续活动的轨迹；二是解决某类问题时采取的方法

---

① 顾朝林.人文地理学导论[M].北京：科学出版社，2012：128.

② 王爱民.计算机应用基础(第3版)[M].北京：高等教育出版社，2009：109.

③ 中国社会科学院语言研究所词典编辑室.现代汉语词典(第7版)[M].北京：商务印书馆，2016：850.

和路线。为了便于理解以及更好地开展后续研究，笔者参考各学科关于路径已有的定义，将高职院校“双师型”教师培养路径定义为：在我国职业教育教师专业化发展历程中，受到来自社会政治、经济外部因素作用和教师个人因素影响，政府、学校、企业及教师个体采取的具体行动路径和办法。

一、激发教师自我发展的主动性

上文已强调过教师个人意识对于“双师型”教师发展的重要意义。要激发教师的自我发展意识，这是教师专业发展的内在驱动力。它能帮助教师明确自身专业发展的目标计划，强调感知思考和体验，自觉地促进自我专业成长。教师不仅要了解自己所处的教育环境，面对的学生特点，专业所在的产业发展背景、人才需求现状，更要把自己作为认识的对象，了解自己的专业发展过程以及目前所处的水平、对未来专业发展的规划。因此，教师不仅要参加职前培养和职后培训，更要激发内在发展需求，通过自觉地学习和实践，实现自我专业发展，成为一名高水平的“双师型”教师。

二、建立健全教师评价和激励制度

《教育部办公厅关于做好职业教育“双师型”教师认定工作的通知》中提出，要制定激励政策，建立能进能出、能上能下的动态调整机制，根据教师不同能力条件分级认定，引导和鼓励广大教师走“双师型”发展道路。在职务（职称）晋升、教育培训、评先评优等方面应向“双师型”教师倾斜，课时费标准原则上应高于同级别教师岗位。要根据“双师型”教师不同阶段发展需求，精准提供教育教学、岗位实训、企业实践等机会。要鼓励“双师型”教师取得行业领域职业资格证书、职业技能等级证书，获聘行业领域专业技术职务（职称）。要结合学制和专业特点，对“双师型”教师能力素质进行不超过 5 年一周期的复核，突出聘期内岗位业绩考察，促进教师知识技能持续更新。①

（一）制定“双师型”教师激励政策

1. 出台弘扬工匠精神、助力新质生产力发展的激励政策

2020 年 11 月在全国劳动模范和先进工作者表彰大会上，习近平总书记深刻阐释了工匠精神的内涵：执着专注、精益求精、一丝不苟、追求卓越。在全社会

---

① 教育部办公厅关于做好职业教育“双师型”教师认定工作的通知[EB/OL]. (2022-10-25)[2024-03-19]. https://www.gov.cn/zhengce/zhengceku/2022-10/28/content_5722314.htm.

弘扬劳模精神、劳动精神和工匠精神，激励劳动者焕发创新创造活力，把智慧和力量凝聚到推动新质生产力快速发展的轨道上来。

在一些科技创新重要领域以及未来产业前沿领域，开展科技创新工匠名师、典型人物及典型事迹评选活动，总结宣传优秀技师工匠的案例，在新能源、新材料、先进制造、电子信息等战略性新兴产业中，评选优秀工匠名师等，并出台相关奖励措施，以及对相关经营主体及特色产业项目兑现奖励。

2. 积极推进社会对技术技能人才的激励机制

宣传劳模、大国工匠、技术技能冠军等先进事迹，形成全社会热爱劳动、尊重劳动、尊重技能人才的良好生态，拓宽技术技能产业工人的晋升通道，完善高端技能人才的用人及评价体系。建立企业技术人员与职业院校教师短期身份互换的“旋转门”机制，将高技能人才纳入地方人才分类目录。发挥多劳多得、技高多得的政策引导作用，使技术技能劳动者成为中等收入群体扩大的实践者与受益者。

3. 营造鼓励创新、宽容失败的良好氛围

进一步培厚人才成长土壤。通过广泛宣传职业教育的重要性和职业教师的贡献，增强社会对职业教育教师的尊重和认可。政府和社会各界应共同努力，提升职业教育教师的社会地位和福利待遇，让教师感受到从事职业教育的光荣与自豪。

（二）完善教师评价制度

1. 优化“双师型”教师认定制度

强调以技术技能和教育教学实绩为核心要求，在职称评聘、教育培训、评优评先等方面给予“双师型”教师一定倾斜，引导、鼓励教师走“双师型”发展道路。对于在各类技能竞赛中脱颖而出、展现非凡技能水平的人才，即便其职称尚未达到既定标准，高职院校亦应给予特殊关注与考量，将其纳入兼职教师队伍，以充分发挥其专业技能优势，丰富教学资源。

2. 建立科学合理的教师评价机制

将教学质量、学生满意度、科研成果等多方面因素纳入评价体系。对于表现优秀的教师给予物质奖励、职称晋升、学术支持等激励措施，激发教师的积极性和创造力。同时，关注教师的职业发展规划，为教师提供广阔的发展空间和平台。

针对新入职教师的评估与管理，高职院校应构建一套全面、系统的综合评估体系，旨在多维度、深层次地提升教师队伍的整体专业素养与知识水平。这一体系的实施，不仅能够确保新入职教师迅速适应教学岗位，而且能够持续推动教师队伍的专业成长与发展，为高职院校的教育教学质量提供坚实的人才保障。

3. 构建“双师型”教师队伍建设总体规划

高职院校要把“双师型”教师队伍建设纳入学校的总体发展规划，建立继续教育培训制度，并根据不同学院、专业、年龄、学历、实践经历等制订个性化的培训计划及企业实践计划。例如，新入职教师走出校园后，首先到生产一线参加实践，提高他们的专业技能和技巧。专业课教师每 5 年必须累计不少于 6 个月到企业或生产服务一线实践。近 5 年无任教专业相关工作实践经历的新教师，不具有博士学位的须在入职 2 年内完成 6 个月的企业实践，具有博士学位的应在入职的第 3～5 年完成。教师企业实践的形式以连续脱产 6 个月为主，包括进企业考察观摩、接受企业组织的技能培训、在企业的生产和管理岗位兼职或任职、参加企业产品研发和技术创新等。

教师企业实践的主要内容，包括了解企业的生产组织方式、工艺流程、产业发展趋势等基本情况，熟悉企业相关岗位职责、操作规范、技能要求、用人标准、管理制度、企业文化等，学习所教专业在生产实践中应用的新知识、新技术、新工艺、新材料、新设备、新标准等。

4. 完善“双师型”教师待遇体系

物质激励也是激发教师队伍活力、促进教育质量提升的重要策略之一。具体而言，应构建一套科学合理的职称评价体系与绩效考核标准。这些标准需紧密关联教师的专业能力、教学成效、行业贡献等多个维度，以确保评价的全面性与公正性。在此基础上，给予“双师型”教师更优厚的待遇与奖励，包括但不限于提升薪酬、提供职业发展机会、给予荣誉表彰等，以此作为对其双重身份（即教师与行业专家）的认可与激励。此举意在激发教师群体的职业热情与教学创新动力，促使他们更加积极地投身于教育教学与产业融合的实践之中。“双师型”教师的引领与示范，不仅能够提升高职院校的整体教学水平，而且能够促进教育与产业的深度融合，为培养更多符合社会需求的高素质技能型人才奠定坚实基础，进而推动高职教育的高质量发展。

三、积极开展各类培训

1. 应对新质生产力发展要求开展培训

在探讨新质生产力对职业教育体系的影响时，尤为显著的是其对“双师型”教师队伍赋予的崭新使命与挑战。在此背景下，教师队伍需展现出高度的适应性与竞争力，其素养构建已超越单纯的学科专业知识范畴，而深入企业实践的核心领域。具体而言，教师不仅要精通专业理论，更要深入企业一线与关键岗位，通过亲历生产工艺的核心流程与关键技术，推动“专业知识、职业技能、教育理念、企业需求、产业发展”这五大要素的紧密互动与良性循环。

鉴于此，职业院校“双师型”教师的成长与发展路径不应局限于传统的理论课堂与实训车间，而应积极拓展至基于深度产教融合的校企合作实践基地。在此平台上，教师需携带明确任务深入一线，通过亲身体验生产管理、工艺流程、岗位标准等各个环节，精准把握教学目标的定位与教学任务的实施。同时，参与企业的技术研发与项目实践，不仅是教师提升科研意识与技术服务能力的有效途径，更是其履行工艺创新、技术改革及成果转化职责的关键所在，最终服务于新质生产力的全面进步与发展。

2. 依托教师发展中心开展培训

高职院校大多建有教师发展中心，主要面向全校教师，帮助其制定专业发展规划。针对专任教师的“双师型”教师培训是其主要工作任务之一。紧扣高水平“双师型”师资队伍发展需求，联合市域产教联合体和行业产教融合共同体“两翼”，建成具备教师教学培训、教师发展研究、教师教学服务、教学示范与推广等四大功能的教师发展中心。开发教育教学研究、专业课程建设、数字素养提升等系列培训项目。构建“专业化、制度化、常态化”的教师发展新生态，形成教师发展中心新模式，发挥示范辐射引领。

3. 实施数字素养能力提升计划

着力提升教师数字素养和数字化能力。数量充足、结构优良的教师队伍，尤其是具有数字素养和数字化能力的“双师型”教师，是培养适应新质生产力生产、服务一线的技术技能人才的关键。

构建新教师、骨干教师、教学名师梯级培训体系。新教师培训重点突出数字化、智能化等新技术基础手段的应用，达到 1 周能认知、2 周能上手、3 周能熟练，使新教师快速适应数字化教学模式；骨干教师培训重点突出运用新技术手段开发课程，达到 1 年完成课程开发、2 年完成线上运行、3 年打磨做成精品，全面提高骨干教师应用新技术及将之与课堂深度融合的能力与水平；教学名师培训重点突出运用新技术培育“金课”的能力，把牢课堂教学主阵地，合理运用数字化、智能化手段，开辟“智能教育”新途径，达到 1 周培育一堂金课、2 月完善一堂金课、3 年建成一门金课，引领和促进教学方法的改革，提高课堂教学质量。

应在政府主导下，建立健全多形式衔接、多通道成长、可持续发展的梯度职业教育和培训体系，切实提高职业教育的质量、适应性和吸引力，培养更多高水平“双师型”教师，为发展新质生产力奠定坚实的人力资本基础。

4. 建立多元化的校内外“双师”培养实践基地

邀请具有丰富经验和较高技术能力的技术类人员利用寒暑假、周末等时间对专业教师进行短期培训。要为教师在校内开展“双师”培训创造条件，特别是加大对实践性教育环节的投入，建立功能齐全、设备完善、资源丰富的实验室，让师生在学校都有实习实训、动手操作的机会。

在校内建立实习基地，将企业生产实践环节中的一部分引入学校，既能帮助教师提升实践能力，又能为学生参与企业真实生产实践项目提供机会。此外，应积极拓展校外培训渠道，帮助教师采取实践挂职方式，有计划地安排教师到相关企业或科研场所挂职学习，要具体地参与一项工程或一个开发项目、一个课题等，将理论知识应用于实践，并且吸收课堂教学所需要的实践素材。

四、组织教师开展应用型研究

提升教师应用型教学科研能力。强化教师教学培训体系，积极引入并深度融合现代教育技术，如翻转课堂模式以丰富的教学手段，显著增强了教学过程中的互动性与实效性。同时构建一套科学完善的教师评价体系。该体系应全面覆盖教学成果的评估，并着重关注教学创新与科研成果的价值，以形成多维度、深层次的教师评价机制。

进一步激发教师的教学热情与创造力，设立教学创新奖项与展示平台，通过表彰优秀教学成果与创新实践，激励教师不断探索教育理念的更新与教学方法的革新。

高职院校应为教师的科研工作提供全方位的支持，包括资金资助、科研平台的搭建以及研究资源的充分保障，以营造浓厚的科研氛围，充分激发教师的科研潜能，特别是鼓励教师与企业、科研院所联合开展应用型研究，将教师的理论成果转化为实践，检验并改进、提升“双师型”教师的理论知识体系；利用学校、行业企业、研究机构不同的教育资源和环境，培养行业企业需要的应用型技术人才。此外，职业院校要充分利用企事业单位和科研机构的资源，从实际出发，鼓励中青年教师申报产学研项目，参与企业的项目研发。联合开展的应用型研究项目可以强化教师的实践技能，并在吸收学生参与项目的过程中，增强学生的实际操作技能，使其对真实项目、生产环境、就业场景有更清晰的认识和体验，提升就业能力。

五、建立专兼结合的“双师型”教师队伍

教育部副部长吴岩曾说过，职业教育的教师队伍如果没有产教融合“双师

型”,那只是在黑板上开拖拉机、黑板上制造、黑板上种地、黑板上上天。① 其强调了产教融合的“双师型”教师的重要性。

(一) 聘请企业专家及生产管理实践的一线人员

完善高职院校自主聘任兼职教师的体系,关键在于构建促进企业工程技术人员、高技能人才与职业院校教师双向流通的有效机制。此外,应切实执行职业教育专业教师的准入制度,核心在于评估应聘者的专业技能与教育教学能力。针对企业界的杰出人才,可采取试讲、技能实操考核、专家评审或直接考察等多种形式进行招聘,以吸引技术能手、能工巧匠、技能大师及大国工匠等优秀人才投身职业教育事业。

从某种程度上说,企事业单位拥有丰富实践经验和较强操作能力、善于解决问题的专家,能够有助于学校建立优质的“双师型”教师团队,带动校内教师整体双师能力的提升。政府、企事业单位以及高职院校应建立良好的合作机制,从而将这一机制长效化、持续化。

(二) 积极推动教师参加企业实践

应大力倡导并鼓励教师走出校园,深入企业一线,积极参与实际生产流程、岗位实践以及现场调研活动。教师不仅能够更加直观地了解产业需求与技术前沿,还能够确保教学内容的时效性与前沿性,使之与产业技术的快速发展保持同步。通过这样的合作与交流,高职院校的教师队伍将能够更好地适应产业发展的需求,培养出更多符合市场需求的高素质技能型人才。

(三) 打破高技能人才进入职校瓶颈

1. 积极拓宽师资引进的多元化路径

积极拓宽师资人才引进路径,特别是要重视吸纳来自企业界的优秀人才。这些人才具备坚实的文化根基与卓越的技术能力,以兼职教师的身份融入教学队伍。在选聘流程的设计上,应秉持灵活性与实用性并重的原则,适度降低对学历的硬性要求,转而聚焦于专业技能的深度评估,确保所引进的兼职教师拥有行业广泛认可的专业技术实力。

新修订的《职业教育法》鼓励职业学校聘请技能大师、劳动模范、能工巧匠、

---

① 教育部副部长吴岩:金专、金课、金师、金地、金教材是产教融合共同体要做的五个新基建任务[EB/OL].(2024-12-28)[2024-12-30]. https://www.jsahvc.edu.cn/sgjs/2024/1228/c2770a160368/page.htm.

非物质文化遗产代表性传承人等高技能人才，通过担任专职或者兼职专业课教师、设立工作室等方式，参与人才培养、技术开发、技能传承等工作。

2. 构建校企高技能人才双向流动机制

在构建职业教育体系与产业发展深度融合的框架下，最终应着眼于确立一种高效的校企高技能人才双向流动机制。此机制旨在促进那些源自企业、具备丰富实践经验的教学人员，在完成既定周期（如每 5 年为一个周期）的教学任务后，能够顺利回归企业一线岗位，进行为期 3～6 个月的连续工作实践，由此确保他们及时更新专业知识体系，紧跟技术革新步伐，掌握新兴设备操作方法与技术工艺，进而在专业技能上实现持续精进。这一双向流动机制保证了职业教育领域实践教学师资队伍的技术前沿性，同时也体现了职业教育对于技术迭代与产业升级的积极响应。

3. 增强高职院校人力资源管理政策的灵活性与创新性

实现这一机制的有效运作，有赖于职业院校人力资源管理政策的灵活性与创新性，包括但不限于教师岗位轮换制度、继续教育政策等层面的优化调整。企业的积极参与和支持同样不可或缺。它们需从长期发展战略的视角出发，认识到投资于职业教育、支持“候鸟型”高技能人才在职业院校与自身企业之间的灵活流动，将有助于其未来获得更为符合市场需求、技能水平更高的技能型人才，从而在根本上促进校企双方的长远发展与互利共赢。

4. 构建并实施面向职业院校专业实践教学的教师资格认证体系

此制度旨在铺设一条“便捷通道”，通过细分并设立多元化的教师资格证书类别，消除阻碍企业资深技术专家转型为职业院校全职教师的制度壁垒。具体而言，该制度应聚焦于技能与工艺水平，将之作为遴选标准的核心，从而吸引并筛选出既具备教学潜能又怀有教育热忱的行业精英进入职业教育领域执教。在此过程中，应适度降低对候选人学科理论素养及学历层次的硬性要求，以更加灵活地满足职业教育的实际需求。

为有效推进此项改革，我们可借鉴国外先进经验，如英国职业教育教师资格证书制度的成功案例。该制度针对具备丰富行业实践背景而缺乏直接教学经验的人员，设计了一系列基于能力导向的教师资格培训课程，并对完成课程者进行综合评价与认证，最终授予相应资格证书。此外，澳大利亚职业教育体系中的类似做法亦值得参考，其中，持证教师专注于实践导向的教学任务，有效促进了职业教育与产业实践的深度融合。对国外经验进行本土化应用，有望为我国职业院校引入更多优质实践教学资源，进而提升整体教学质量与效果。

(四)加快职业教育“双师型”教师队伍的建设

构建专职教师与兼职教师之间的有效沟通机制是推动教育理论与实践经验深度融合与共享的关键举措。此机制旨在搭建一座桥梁,使得来自学术界的专职教师与来自产业界的兼职教师能够跨越界限,实现知识与技能的双向流通。通过这一机制或平台,双方可以共同探索教学与实践的契合点,促进教育理论的创新与实践经验的提炼,从而创设出一个集多元视角于一体的教学智慧库。

这一教学智慧库汇聚了丰富的教育资源,体现了理论与实践的紧密结合,为高职教育的高质量发展提供了强有力的师资支持。它满足了高职教育对复合型师资的迫切需求,即要求教师既具备扎实的理论基础,又拥有丰富的实践经验,能够在教学过程中灵活运用,培养出更多适应社会发展的高素质技能型人才。因此,建立专职教师与兼职教师有效沟通机制,是高职教育师资队伍建设中不可或缺的一环。

参考文献

一、图书

[1] 陈光玖,周群英.高职院校卓越“双师”成长机制与培养范式[M].长春:吉林人民出版社,2022.

[2] 方莹,于尔东,陈晶璞.职业院校“双师型”教师培养研究[M].秦皇岛:燕山大学出版社,2022.

[3] 黄立.产教融合背景下高职院校“双师型”教师团队建设研究[M].长春:吉林人民出版社,2020.

[4] 黄莺,贾雪涛.双师型教师的专业发展研究[M].北京:中国书籍出版社,2020.

[5] 姜鑫,王建猛,刘欣.新时代应用型高校“双师型”师资队伍建设与创新发展研究[M].秦皇岛:燕山大学出版社,2021.

[6] 李丽华,高杨,梁秋栢.“双师型”教师队伍建设模式改革与制度创新研究[M].沈阳:辽宁大学出版社,2014.

[7] 李梦卿,熊健民,罗莉,等.双师型教师队伍建设比较研究[M].武汉:华中科技大学出版社,2010.

[8] 李梦卿.双师型职教师资培养制度研究[M].武汉:华中科技大学出版社,2012.

[9] 梁成艾.职业学校“双师型”教师专业化发展论[M].成都:西南交通大学出版社,2014.

[10] 王岚,吴跃本,崔金魁.高职院校“双师型”教师专业素质培育研究[M].南京:东南大学出版社,2021.

[11] 王晞.新时代职业教育教师队伍专业化建设与发展[M].北京:北京理工大学出版社,2019.

[12] 吴炳岳等.职业院校“双师型”教师专业标准及培养模式研究[M].北京:教育科学出版社,2014.

[13] 谢勇旗.校企合作培养“双师型”职教师资机制研究[M].兰州:兰州大学出版

社,2014.

[14] 詹先明.“双师型”教师发展论[M].合肥:合肥工业大学出版社,2010.

[15] 赵慧.教育前沿:我国高等职业院校双师型人才队伍培养的实践研究[M].北京:中国原子能出版社,2022.

二、学位论文

[1] 白智童.英国高等职业院校教师培养对我国高职“双师型”教师培养的启示[D].长春:东北师范大学,2008.

[2] 陈凤英.双师型教师隐性知识管理研究[D].重庆:西南大学,2015.

[3] 陈璐瑶.天津市民办高职院校“双师型”教师队伍建设研究[D].天津:天津职业技术师范大学,2020.

[4] 付含菲.产教融合背景下高职院校“双师型”教师队伍建设研究——以湖北省为例[D].武汉:湖北工业大学,2020.

[5] 付小渝.基于建构主义理论下双师型教师专业技术能力提升的研究[D].北京:北京理工大学,2015.

[6] 贺津津.建设教育强省背景下江西民办高职院校“双师型”教师队伍建设体系研究[D].南昌:江西科技师范大学,2018.

[7] 华坤.高职“双师型”教师培养现状、问题与对策研究——以上海X职业技术学院为例[D].上海:华东师范大学,2018.

[8] 黄丹粟.“双高计划”建设背景下高职院校“双师型”教师队伍建设及管理研究——以福建省五所高职院校为例[D].福州:福建师范大学,2021.

[9] 李继.工匠精神视域下的高职院校“双师型”教师队伍建设研究[D].秦皇岛:河北科技师范学院,2019.

[10] 李苓旭.产教融合背景下高职院校“双师型”教师队伍建设的研究[D].金华:浙江师范大学,2021.

[11] 李群.基于校企合作的“双师型”教师培养策略研究[D].济南:山东师范大学,2013.

[12] 李晓娟.高职院校“双师型”教师实践教学能力提升的路径依赖研究[D].南宁:南宁师范大学,2022.

[13] 李昱亮.高等职业学校“双师型”教师专业发展制度研究——以河南省A职业学院为例[D].武汉:华中师范大学,2021.

[14] 廖鸿妍.职业院校“双师型”教师队伍建设机制创新研究[D].武汉:华中师范大学,2016.

[15] 廖康平.基于胜任力模型的高职“双师型”教师资格认定标准的优化研究[D].

武汉：华中师范大学，2021.

[16] 刘竞竞. 澳大利亚 TAFE 学院“双师型”教师培训研究[D]. 兰州：西北师范大学，2015.

[17] 罗技科. 高职院校“双师型”教师培养现状与对策研究——以浙江纺织服装职业技术学院为例[D]. 宁波：宁波大学，2017.

[18] 牟燕萌. 高职院校“双师型”教师队伍现状及建设研究[D]. 济南：山东师范大学，2006.

[19] 欧杨. 工匠精神视阈下的高职院校“双师型”教师培育研究[D]. 徐州：中国矿业大学，2021.

[20] 裴有为. 基于企业需要的高职“双师型”教师培养问题研究[D]. 长沙：湖南农业大学，2007.

[21] 彭媛媛. 职业转型何以可能？——Y 市职业技术学校企业背景教师的转型困境研究[D]. 南京：南京师范大学，2021.

[22] 饶赟. 校企合作背景下双师型教师的培养研究[D]. 咸阳：西北农林科技大学，2015.

[23] 桑杏丽. 高职院校“双师型”教师队伍建设策略研究——基于教师评价激励机制视角[D]. 南京：南京航空航天大学，2016.

[24] 宋明江. 高职院校“双师型”教师教学能力发展研究——基于行动学习理论的视角[D]. 重庆：西南大学，2015.

[25] 万娥. 企业在职业院校“双师型”教师队伍建设中的角色定位研究[D]. 武汉：湖北工业大学，2014.

[26] 王晨. 高职院校双师型师资队伍建设的现状与对策研究——以天津海运职业学院为例[D]. 天津：天津大学，2014.

[27] 王富谦. 高职院校“双师型”教师专业成长的个案研究——基于生活史的视角[D]. 成都：四川师范大学，2018.

[28] 王璐莎. 高职院校“双师型”青年教师职业发展的困境与出路[D]. 兰州：西北师范大学，2016.

[29] 王燕. 高职院校“双师型”教师评价问题研究[D]. 石家庄：河北师范大学，2015.

[30] 吴丽梅. 改革开放以来我国高职院校“双师型”教师政策演进研究[D]. 南昌：南昌大学，2022.

[31] 武方红. 校企联合培养“双师型”教师研究[D]. 金华：浙江师范大学，2012.

[32] 肖玲君. “双师型”教师理论研究的误区[D]. 长沙：中南大学，2008.

[33] 谢军. 新建应用型本科高校“双师型”教师队伍建设研究[D]. 西安：陕西师范大学，2019.

［34］谢勇旗.校企合作培养“双师型”职教师资机制研究［D］.天津：天津大学，2014.

［35］杨晓敏.高等职业院校“双师型”教师培训研究——以天津机械类和电子信息类专业教师为例［D］.天津：天津职业技术师范大学，2020.

［36］叶小明.高等职业院校教师专业发展研究［D］.武汉：华中科技大学，2008.

［37］张弛.基于企业视角的高技能人才职业能力培养研究［D］.天津：天津大学，2014.

［38］郑辰.高职院校“双师型”教师专业标准研究——以装备制造大类专业为例［D］.天津：天津职业技术师范大学，2023.

［39］周佩.高职院校“双师型”教师教学能力发展研究［D］.兰州：兰州大学，2017.

［40］左彦鹏.高职院校“双师型”教师专业素质研究［D］.大连：辽宁师范大学，2016.

三、期刊论文

［1］范栖银，谢昊伦，姜孟升.高等职业教育与新质生产力的耦合协调效应研究——基于2010—2022年31个省份的面板数据［J］.职业技术教育，2024，45(24)：8-18.

［2］韩飞，郭广帅.职业教育赋能新质生产力：理论逻辑、实践堵点与创新路径［J］.职教论坛，2024，40(3)：5-14.

［3］胡澎，雷宏振，许世杰.职业教育赋能新质生产力：价值旨归与困阻纾解［J］.中国职业技术教育，2024(21)：39-50.

［4］姜顺腾，刘惠琴，余继.面向新质生产力发展的政产学研协同驱动路径研究——基于数智新兴产业的组态分析［J］.中国高教研究，2024(8)：14-22.

［5］李名梁，范信宇.职业教育赋能新质生产力的逻辑理路、现实困境与行动策略［J］.现代教育管理，2024(8)：119-128.

［6］林夕宝，余景波，宋燕.高职院校助力新质生产力高质量发展探究［J］.职业技术教育，2024，45(9)：15-23.

［7］苏荟，周志微.高等职业教育与新质生产力耦合协调发展及时空特征分析［J］.职业技术教育，2024，45(24)：19-29.

［8］翁智兵，田苗.新质生产力背景下高职教育面临的挑战与实践路径［J］.教育与职业，2024(18)：102-106.

［9］徐俊生，邓旭升.职业教育新质生产力：内涵解读、理论框架与实施路径［J］.职业技术教育，2024，45(19)：21-27.

［10］闫志利，王淑慧.职业教育赋能新质生产力：要素配置与行动逻辑［J］.中国职业技术教育，2024(7)：3-10.

[11] 杨慷慨.新质生产力视角下的职业教育高质量发展研究[J].职教论坛,2024,40(4):20-29.

[12] 郑蓓,阮红芳.新质生产力赋能职业教育高质量发展的逻辑理路与实践模式[J].中国职业技术教育,2024(12):12-21+38.

[13] 朱晓妍,张惠元.新质生产力背景下劳动者的精神特质探究[J].经济问题,2024(8):19-26.

[14] 邹联克,王仁祥,李剑萍,等.2024年“两会”代表委员谈职教(笔谈)[J].中国职业技术教育,2024(8):3-17+64.

[15] 蔡海云,熊匡汉.行动学习:应用型本科院校“双师型”教师教学能力的培养路径[J].黑龙江高教研究,2018,36(6):100-104.

[16] 曹晔,孟庆国.推动职业教育产教融合与高质量“双师型”职教师资队伍建设[J].中国职业技术教育,2023(5):19-24.

[17] 曾全胜.高职院校“双师型”教师专业技能协同培养体系研究[J].中国职业技术教育,2016(7):78-80.

[18] 陈凤英,李杰.职业教育“双师型”教师制度的问题、成因与行动策略研究——基于制度失范的视角[J].河北师范大学学报(教育科学版),2023,25(2):82-89.

[19] 陈凤英.职业教育“双师型”教师职业使命的结构与养成路径——基于扎根理论视域[J].职业技术教育,2023,44(13):38-45.

[20] 陈莉.创新创业教育视域下应用型本科院校“双师型”教师队伍建设探析[J].教育与职业,2019(6):64-67.

[21] 丁天明.新《职业教育法》背景下高职院校“双师型”教师队伍建设政策考量[J].教育与职业,2022(23):86-91.

[22] 丁正亚.高职教育高质量发展背景下“双师型”教师队伍建设研究[J].教育与职业,2022(24):91-95.

[23] 杜晓光.工匠精神视角下高职“双师型”教师队伍建设[J].教育与职业,2020(22):109-112.

[24] 段贞锋.论应用型地方本科院校“双师型”教师的培养[J].教育与职业,2015(13):68-70.

[25] 佛朝晖.职业院校双师型教师认定标准实施现状、问题与建议[J].中国职业技术教育,2022(25):24-28.

[26] 符丹.角色理论视野下高职院校“双师型”教师成长培育路径建构[J].职业技术教育,2023,44(34):53-58.

[27] 顾志祥.产教融合背景下高职院校“双师型”教师队伍建设路径研究[J].职教

论坛，2019(2)：99-102.

[28] 郭佳.职业教育“双师型”教师基本标准区域实施的比较研究——基于五省职业院校“双师型”教师认定标准[J].北京青年研究，2023，32(4)：103-110.

[29] 郭静.“双师型”教师政策分析：文本、执行与展望[J].职教论坛，2018(2)：64-69.

[30] 和震，尉淑敏，赵泽慧，等.基于双能力模型的职业院校教师队伍专业化发展路径研究[J].现代教育管理，2024(9)：106-116.

[31] 洪銮辉，梁海霞.高职院校“双师型”教师认定制度及实施路径研究——基于对68所“双高计划”高职院校的调查[J].职业技术教育，2023，44(34)：46-52.

[32] 侯荣增，李振红.数字化背景下高职院校“双师型”教师认定标准和路径研究[J].教育与职业，2023(17)：68-72.

[33] 贾超.知识管理视阈下高职院校“双师型”教师专业发展策略探析[J].职业技术教育，2022，43(34)：49-55.

[34] 孔巧丽，刘志文.高质量发展背景下高职院校“双师型”教师队伍建设困境与对策[J].职业技术教育，2023，44(7)：39-45.

[35] 雷炜，王成方.高职双师型队伍建设：成效、挑战与应对——基于浙江省高职院校的调查分析[J].中国高校科技，2018(4)：59-62.

[36] 黎琼锋，潘婧璇.高职院校“双师型”教师专业发展路径探析——基于人的全面发展理论视域[J].职教论坛，2018(3)：89-93.

[37] 李国良，王斌.技能型社会背景下“双师型”教师认定指标体系与成长路径[J].职业技术教育，2023，44(25)：50-56.

[38] 李红，姜欣彤，任锁平，等.高职院校“双师型”教师队伍建设实践路径构建[J].中国职业技术教育，2023(6)：73-78.

[39] 李梦卿，安培.日本高等职业教育教师入职资格研究[J].现代教育管理，2016(2)：72-77.

[40] 李梦卿，刘博.我国省级“双师型”教师资格认证标准建设的实证研究[J].现代教育管理，2018(5)：80-87.

[41] 李梦卿，刘晶晶.“双师型”教师资格认证标准设计的理性思考与现实选择[J].教育发展研究，2017，37(21)：75-84.

[42] 李梦卿，刘俏楚.“双师型”教师资格认证标准的制度性统一与区域性特征[J].职教论坛，2017(25)：33-39.

[43] 李鑫，李梦卿.企业需求视角下“双高计划”高职院校“双师型”教师认定标准建设[J].职业技术教育，2020，41(31)：35-40.

[44] 李昭，毛方吉.“双师型”教师的身份认同困境与纾解路径[J].中国职业技术教

育,2022(33):30-35+45.

[45] 刘再春,黄菲.基于政策工具视角的“双师型”教师政策分析[J].中国职业技术教育,2018(9):73-77.

[46] 刘再春,金冰洁.地方本科院校“双师型”教师认定标准研究——以学生需求为视角[J].职业技术教育,2017,38(10):65-68.

[47] 刘子林,张慧敏.高职院校高水平国际化“双师结构”教学团队的内涵要求、建设瓶颈与发展路径[J].教育与职业,2024,16(12):99-105.

[48] 卢德生,陈雅婷.我国职业教育“双师型”教师研究的统计分析——基于2001—2015年CNKI收录文献的关键词共现计量分析[J].成人教育,2016,36(8):23-28.

[49] 卢荷.校企合作下的“双师型”职教师资培养[J].教育与职业,2016(22):74-76.

[50] 罗殿宏,田翠英.职业教育“双师型”教师资格认定的“结”与“解”[J].职业技术教育,2024,45(24):30-35.

[51] 罗宇,李尚群.守望“双师型”:职业教育教师队伍建设的中国图景[J].职教论坛,2023,39(7):83-90.

[52] 吕清,康悦.省级政府推动“双师型”教师队伍建设政策扩散机理[J].中国职业技术教育,2024(18):57-67.

[53] 潘国强.职业教育高质量发展背景下高职院校“双师型”教师队伍建设的浙江实践[J].职教通讯,2024(4):15-21.

[54] 钱淑霞,于彦华,李青澍,等.高等教育转型背景下地方本科院校“双师型”教师队伍建设初探——以吉林农业大学为例[J].黑龙江畜牧兽医,2017(13):257-259.

[55] 秦凯.新时期高职院校“双师型”教师队伍建设[J].教育与职业,2016(6):65-67.

[56] 全守杰,张惠冰.高职院校“双师型”教师队伍的建设机制与优化路径——基于“双高计划”职业院校的质性分析[J].现代教育管理,2023(9):117-128.

[57] 容华,邓小华.职业教育“双师型”教师专业发展的伦理向度及行动策略[J].职教论坛,2024,40(1):71-76.

[58] 宋雅,万东升.美国职业教育“双师型”教师评价标准的关键特征及现实启示[J].现代教育管理,2024(6):119-128.

[59] 孙峰,徐正茹.应用型本科院校“双师型”外语教师的发展策略[J].高教探索,2017(S1):151-152.

[60] 孙建波,张纪轩.应用型本科院校“双师型”教师队伍精准建设路径研究——以

J学院为例[J]. 职教论坛,2018(6):99-103.

[61] 田德刚,蒋建华."双师型"教师实践能力生成逻辑与路径:社会实践理论的视角[J]. 职业技术教育,2024,45(19):53-58.

[62] 王凤珍. 高职院校"双师型"教学团队建设途径探究[J]. 教育探索,2014(6):106-108.

[63] 王慧. 高质量发展背景下高职院校"双师型"教师协同培养模式构建研究[J]. 职业技术教育,2023,44(36):50-54.

[64] 王美倩,黄梦园,韦妙."合法的边缘性参与"视角下"双师型"教师专业发展路径探索[J]. 职业技术教育,2024,45(24):36-41.

[65] 王铁成."双师型"教师培养的成长思维模式:理论构建与实践策略[J]. 职业技术教育,2023,44(35):63-70.

[66] 王荧婷,王琪. 高职院校教师国际化发展组织支持的现实感知与优化策略——基于31所高职院校的调查[J]. 教育与职业,2024,15(2):90-97.

[67] 王滋海."双师型"高校教师能力提升策略[J]. 山西财经大学学报,2023,45(S1):88-90.

[68] 魏澜,王坤,霍红艳. 多源流理论视角下"双师型"教师认定标准政策议程探析[J]. 职教论坛,2023,39(4):82-88.

[69] 魏钦. 工匠精神引领下高职院校"双师型"教师队伍建设路径研究[J]. 中国职业技术教育,2020(19):93-96.

[70] 谢莉花,李涵."双师型"教师标准实施背景下"双师素质"探究:价值意蕴、本质内涵与提升路径[J]. 职业技术教育,2024,45(13):54-60.

[71] 徐涵,袁晓华. 我国职业教育"双师型"教师认定政策的演进逻辑及优化路径——基于全国87项政策文本的内容分析[J]. 现代教育管理,2024(6):108-118.

[72] 薛栋,冯亚萌. 论职业教育专业博士的独立设置——基于"双师型"职教师资博士"特需项目"十年实践与反思[J]. 职业技术教育,2024,45(13):20-27.

[73] 燕玉霞. 工匠精神引领下的职业院校"双师型"教师队伍建设浅析[J]. 职教论坛,2018(12):76-79.

[74] 尹克寒. 基于三维分析框架的"双师型"教师政策的审视与启示——以1995—2023年的政策文本为研究对象[J]. 中国职业技术教育,2023(33):48-57.

[75] 张红,王海英. 我国高职院校"双师型"教师认定标准建设及应用分析——基于全国23个省份153所高职院校的调查分析[J]. 中国高教研究,2022(7):103-108.

[76] 钟斌,唐小鹏,李飞星. 高职"双师型"教师"依附式"发展的理论解读、问题指向

与调适策略[J]. 成人教育,2023,43(6):66-72.

[77] 左瑞红. 论地方本科院校“双师型”教师队伍建设[J]. 继续教育研究,2017(6):87-89.

附录

案例一:某高职院校“双师型”教师建设成效

A校,以工科类专业为主,地处东部某省的欠发达地市,因此积极与地方政府开展产教融合紧密合作。

学校坚持新时代“四有”好老师标准,遵循“强教必先强师”要求,以师德为引领,全面加强师德师风建设;以专兼结合的“双师型”教师团队建设为抓手,完善校企人员互兼互聘通道,建成大师领衔、专兼结合、充满活力的高素质“双师型”教师队伍。

1. 依托专业建团队

与企业合作设立教师企业实践流动站和教师企业实践培养基地,组建校企混编式的教学创新、技能竞赛和科技服务团队。近年来,获批国家职业教育教师创新团队1个,省高校优秀科技创新团队4个,省高等职业教育教师教学创新团队2个,省高校“青蓝工程”优秀团队6个,省高等学校优秀教学团队3个。

2. 依托园区育双师

学校与园区人员双岗互聘。派驻园区科技镇长团、科技副总等36人次,实现了所在城市省级以上园区全覆盖,组织18个国家、省创新团队、技能大师工作室,76名省级工匠、省技术能手、中青年学术带头人与园区和区内龙头企业需求精准对接,开展挂职锻炼和技术服务;开设“绿色通道”,聘请21名企业国家人才、省企业首席技师担任产业教授,每年有600余名行业导师全程参与学校人才培养。校企共建国家级“双师型”教师培养培训基地2个、省级1个。通过学校向园区派干部挂职、派教师到企业实践及校企高层次人才共享等举措,保障了产教、校企沟通渠道的畅通和各方合作的高效落实。

3. 依托党建保机制

通过校链党组织共建、院企党组织结对、党员专家联系人才“三重对接”模式，广聚创新人才、共享创新资源，提升产业链创新能力，实现联学共建、活动联办、项目联动、品牌联创。将在科研成果转化、重大技术攻关、项目联合申报、人才培养等方面开展深度合作，形成“高校＋政府＋企业”产教融合同频共振，推动职业教育与产业发展深度融合。

近年来，为有效解决人才培养与产业发展“两张皮”的问题，增强人才培养的适应性，学校按照《关于推动现代职业教育高质量发展的意见》提出的“完善产教融合办学体制”“创新校企合作办学机制”要求，主动加强与工业园区合作，签订全面战略合作协议，构建了党建联盟引领、政府部门主导、产教有机融合、校企深度合作的校园、园区“双园”融合办学新机制，政校协同“零距离”服务先进制造业高质量发展。

4. 依托规划助发展

学校致力于建立完善的教师职业发展支持体系。这一体系不仅关注教师的职业生涯规划，还深刻认识到心理健康对于教师个人成长与事业发展的重要性。为此，我们提供个性化的职业发展规划指导，帮助教师明确职业方向，规划成长路径；同时，设立心理健康咨询与干预服务，确保教师在面对职业压力与挑战时能够得到及时有效的心理支持，从而保持最佳的工作状态与心理状态，全身心地投入教学与科研工作。

综上所述，通过依托专业建团队、依托园区育双师、依托党建保机制和依托规划助发展等一系列举措，学校旨在打造一支充满活力、创造力与凝聚力的“双师型”教师团队，为新质生产力的高质量发展贡献职教智慧与力量。

对此，该校受访老师也表示：有一半老师真的能接触、参与或主持与企业行业产业紧密相连的项目，校内30％左右的老师来自企业，大概有10％的老师能参与企业的项目，50％的老师在参与技能大赛，这也是促进老师学习新技术一个非常好的手段。因为他不但学到了技术，还将自己掌握的知识和技能融入教学(J10-28-20241022)。

案例二：两名新入职的高职院校教师“双师型”成长职业生涯规划

（一）小 B

女，有两年企业工作经验，工科类专业教师

要成为一名高水平的“双师型”教师，需要制定科学合理的职业生涯规划，并注重发展实践能力、开展理论学习、将教学与科研并重、开展校企合作以及提升个人修养等。通过不断努力和实践，逐步成长为具有丰富实践经验、深厚理论功底和较高职业素养的“双师型”名师。

理论学习和实践经验相结合是我前两年的侧重点。教师非常有必要回到企业更新实践知识，因为我们一直待在学校的话，可以从理论上更新专业知识，但是无法从实践中更新技能(J02-2-20240915)。

可以看出，小 B 对自己的“双师”成长有着清晰的认识与规划，且清楚知道自己前两年的发展重点，并为此而努力。

（二）小 C

男，从学校毕业后就到学校工作，没有企业工作经验，工科类专业教师

初期，我要夯实自己的专业理论基础，通过深入研学专业教材、参加学术研讨会等方式，确保自己对所在专业的核心知识和前沿动态有清晰的了解。同时，我要积极参与学校组织的教学培训活动，学习先进的教学方法和技巧，提高自己的教学能力。

随着时间的推移，我要注重积累行业实践经验。主动寻找到企业实践的机会，争取每年都能有一定时长的企业实习或参与实际项目，熟悉行业的流程、规范和技术应用，并将这些实践经验融入教学，提高自己的实践指导能力。

中期，我希望能够参与到课程开发工作中，结合行业需求和教学经验，开发出具有实用性的课程和教学资源，为学生提供更优质的教学内容。同时，我要加强与企业合作，并与之建立长期稳定的合作关系。这样不仅能为自己提供更多的实践机会，而且能促进产教融合。

到了后期，我要在自己的专业领域内形成一定的影响力，比如发表高质量的

学术论文、参与行业标准的制定等，提升自己的学术地位和行业认可度。同时，我要将自己的经验和知识传授给更多的年轻教师，为培养新一代的“双师型”教师贡献自己的力量。

当前最需要的，我觉得是持续学习的机会和稳定的企业实践平台。只有不断学习，我才能跟进行业的发展动态，掌握最新的技术和知识；而稳定的企业实践平台则能让我深入参与到企业的核心业务和项目中，获取更全面、更丰富的行业经验。这对于我成为一名高水平“双师型”教师至关重要。(J06-1-20241009)

可以看出，小C对自己的“双师”成长同样有着理性认识与精准规划，首先提升自己的教学能力，继而及时参与企业实践，增加到企业学习、与企业合作的机会，接着参与产教融合项目，如课程开发、行业标准制定等，最终成长为一名高素质“双师型”教师，并不忘培育新人。

案例三：一名高职院校骨干教师“双师型”教育经历与体会

D老师的“双师”奔赴之旅

女，教授/高级工程师，工科类专业教师。在教学能力比赛、专业建设、课程建设、科研能力等方面都取得了卓越的成绩。

(一) 实践提升技能

扎实训提体能：D老师以职业资格认证为驱动，积极参加实践训练，重点围绕实践操作，利用实训的软硬件条件，扎实训练、积极考证，先后获得多个高级技师(一级)证书。

(二) 教学比赛参与

多次获奖展现实力：D老师积极参与各类教学比赛。2018年荣获第三届青年教师基本功竞赛二等奖，展现出扎实的教学基本功。2020年在省职业院校教学能力大赛(高职组)中斩获一等奖，同年在全国职业院校教学能力大赛(高职组)中获得三等奖。这些成绩表明D老师不断提升教学技能，为成为“双师”奠定了坚实的教学实践基础。

(三) 教改推进

深入研究与实践：D老师致力于教学改革研究，主持省级教改课题。在研究过程中，她深入探索适合高职院校机械类专业的教学模式，推动教学方法和理念的创新，开展探究式教学，提升教学质量，培养学生的创新思维和实践能力，促进教学与实际工程需求更好地结合。

(四) 科学研究

多领域科研成果显著：在科学研究方面，D老师成果丰硕。她发表教科研论文9篇，其中中文核心7篇，涵盖了机械工程多个专业领域，其研究成果具有一定的创新性和科学价值。她主持省级科研项目，致力于解决太阳能集热效率等实际问题，并将成果推向市场，取得了良好的经济效益。同时，她还负责市级教科研项目 9 项，主要参与各级教科研项目 7 项，积极推动机械工程领域的科研发展，由此提升了自身的科研能力和专业水平，为从教师向“双师”转型提供了有力的科研支撑。

（五）社会服务

校企合作与成果转化：D 老师积极开展社会服务，通过校企合作推动科研成果转化。她主持的项目不仅获得省级科研立项，还通过横向课题进一步深化研究，其成果成功推向市场，为企业带来经济效益，实现了科研与产业的有效对接。她授权的发明专利成功转化，为科技型企业提供了技术支持，促进了企业的发展。D 老师在社会服务中发挥了重要作用，体现了“双师”应具备的社会服务能力和工程实践能力。

D 老师在教学比赛、教改、科研和社会服务等多方面的努力和成就，使其成功成为一名具备教师和工程师素养的“双师型”人才，为机械工程领域的人才培养和行业发展做出了积极贡献。

案例四:两名企业兼职教师“双师型”教育经历与感悟

(一)E老师:技术能手

男,特级技师,央企

我有时会带一个团队给高职学生做课程培训。每年有一个月时间学生是专门到公司来,我们给他们上理论课和实操课,大多数时间是实操。我们会介绍先进的技术,学校不可能投那么多钱购买一些先进的设备,但我们企业为了留住一些学生,愿意把我们的这些资源与学生分享。我也会和学校一起带学生参加技能比赛,共同培养学生的实践操作技能,也是为企业培养人才。

我会到高职院校宣讲,以使学生对技能人才的发展前途有一些感性的认识。与学生交流的时候,我觉得现在有的学生比较茫然。我通过宣讲给他们传递正能量,分享一些优秀毕业生的案例,告诉他们要在学校里多学些东西,将来实习的时候,要考虑自己在这个公司里能学到什么,能获得什么样的平台,对自己将来的发展有什么帮助。

我在企业里愿意带这些高职院校来的老师,老师最起码是研究生,起点是非常高的,但是有一个前提条件,他要放得下架子,愿意学习。有的教师“眼高手低”,你跟他交流沟通的时候,他分析得头头是道,但一旦做起来就做不好。教师在企业中可以从底层做起,或者说做一些最基础的事情。最起码教师可以从事一些技术方面的工作。比方说别人经历一年两年后能胜任一个工作,他在一个月两个月就能胜任一个工作,可以独当一面去做一件事情,并对设备的更新提出一些建议。如果他愿意学的话,是能在企业里真正学到东西的(Q01-25-20241028)。

可以看出,E老师是一位非常有责任心、有担当的企业工匠,也非常愿意参与到产教融合、校企合作中来,与高职院校共同培养新质劳动者和“双师型”教师,也愿意为企业培养所需要的人才。同时,注重对学生正能量的传递与情感的激励,建议学生有大局观,做好长远的职业生涯规划。

（二）F老师：领军人才

男，博士，科研人员

像F老师目前没有博士生导师的名头，但是他有博士生导师实际的业务水平，我们学院目前4个在读的博士中，有3个都是他在实际指导，其中一个博士的论文解决的是徐工的问题。还有一个老师关注电动挖掘机，针对目前行业的问题开发出了新一代的工程机械，当然这些都需要领军人才来带。

领军人才非常重要，不能只是技能大师、拆装维修大师。他不仅了解企业前沿的技术，还与一些高端科研院所如院士工作站有合作项目。其不仅能产生经济价值，而且能解决实际问题。

例如今年一个地方项目，我们在做，一个重点大学也在做，但是我们就在当地，能随时随地解决问题。比起本科院校，我们的技术实力肯定不如他们，但是他们不一定能天天来，而且我们的价格更低。

这些对于学生的培养也是很有帮助的。目前培养的一些学生在院士工作站就业，他们去接触到的就不再是维修了，而是利用数据流进行数据分析。这种工作原来大多由本科生或者硕士生来做。我们的老师参与到人家真实的项目中，才能带着学生在后面做(J09-13-20241027)。

可以看出，F老师是一位具有高端科研能力的专家。目前，高职院校“双师型”教师培养既要重视实践操作技能，更重要的是让一些高水平、高学历的教师深入产业技术前沿，解决企业真正的技术难题。这是“双师型”教师培养的长远目标之一，也是产教融合长效机制建立的基础路径。

致 谢

我国职业教育在近十年的发展过程中，初步形成了具有中国特色的现代职业教育体系，但也面临着一些新的困难和挑战。自 2019 年关于高职院校“双师型”教师的项目立项后，我一直在思考如何能够让研究落地，以对当前教师队伍建设提出一些有针对性的意见和建议。

本专著描述了新质生产力背景下如何积极推进“新质技术技能人才”培养的高质量发展改革，推动职业教育与新质生产力同频共振、和谐共生。这是职业教育面临的重大时代命题。本研究从价值旨归、理论基础、循证研究、国际比较和体系构建等方面，找寻高职院校“双师型”教师未来发展方向，为新质生产力发展积极贡献职教力量。

鉴于本人研究水平有限，本专著还存在一些局限与不足，如研究样本的不足。本研究主要选取了一些地区的部分高职院校、教师进行调研和访谈，研究结论对当前新质生产力背景下高职院校“双师型”教师培养体系构建能够提供一些启示，但调研、访谈涉及面不是很广，且不同地区、不同高职院校在制度政策、文化环境、教师队伍、资金支持等方面存在较大的差异，“双师型”教师在培养过程中面临的问题、困难不止书中所描述的这些。后续会增加问卷调查，优化问卷设计，加强对研究资料的收集以及科学合理的数据分析，并进一步深化理论学习，聚焦研究对象，开展更为深入、细致和有针对性的研究，以深入了解“双师型”教师培养情况，进一步完善新质生产力背景下高职院校“双师型”教师的能力要素。

在研究过程中，很多领导、专家给予了精心指导。在此感谢在百忙之中接受我访谈的 10 名教师、3 名人事管理部门人员、2 名学生、3 名企业代表，正是你们对高职院校“双师型”教师培养现状的肺腑之言，使我清楚地了解“双师型”教师培养存在的问题与不足，并进一步分析深层次的原因，为研究增添了思考的深度。我还想感谢那些为职业教育发展默默奉献的教育工作者。正是你们的辛勤耕耘，才使得职业教育取得了今天的成就。在新质生产力背景下，高职院校“双师型”教师培养体系的构建显得尤为重要。它不仅关系到学生的全面发展，更关乎国家整体竞争力的提升。因此，我们有必要深入研究这一课题，探索更加科学合理的培养路径，以适应新时代的发展需求。借此机会，我想向所有支持过我的人表示衷心的感谢。你们的帮助和支持，使得这本专著顺利完成。未来，我将继续努力，将所学知识应用于实践，为推动我国职业教育发展贡献自己的一份力量。

本专著在写作过程中参考了大量文献，文中虽有注明来源，但可能也有遗漏之处，敬请谅解。由于本人水平有限，书中错漏之处在所难免，敬请广大读者批评指正。

在结束这篇致谢之际，我再次向所有帮助过我的人表示深深的感谢。愿我们都能在各自的领域里发光发热，共同为建设更加美好的社会而不懈努力。

张　玲
2024 年 11 月